LES
AUTEURS LATINS

EXPLIQUÉS D'APRÈS UNE MÉTHODE NOUVELLE

PAR DEUX TRADUCTIONS FRANÇAISES

L'UNE LITTÉRALE ET JUXTALINÉAIRE PRÉSENTANT LE MOT A MOT FRANÇAIS
EN REGARD DES MOTS LATINS CORRESPONDANTS
L'AUTRE CORRECTE ET PRÉCÉDÉE DU TEXTE LATIN

Avec des sommaires et des notes

PAR UNE SOCIÉTÉ DE PROFESSEURS

ET DE LATINISTES

CÉSAR

LES COMMENTAIRES
SUR LA GUERRE CIVILE

EXPLIQUÉS LITTÉRALEMENT, ANNOTÉS
ET REVUS POUR LA TRADUCTION FRANÇAISE

PAR A. MATERNE

Censeur du lycée Saint-Louis

Livre Ier

PARIS
LIBRAIRIE DE L. HACHETTE ET Cie
BOULEVARD SAINT-GERMAIN, N° 77

LES
AUTEURS LATINS

EXPLIQUÉS D'APRÈS UNE MÉTHODE NOUVELLE

PAR DEUX TRADUCTIONS FRANÇAISES

Ce livre a été expliqué littéralement, annoté et revu pour la traduction française par A. Materne, censeur du lycée Saint-Louis.

Paris. — Imprimerie de Ch. Lahure, rue de Fleurus, 9

LES
AUTEURS LATINS

EXPLIQUÉS D'APRÈS UNE MÉTHODE NOUVELLE

PAR DEUX TRADUCTIONS FRANÇAISES

L'UNE LITTÉRALE ET JUXTALINÉAIRE PRÉSENTANT LE MOT A MOT FRANÇAIS
EN REGARD DES MOTS LATINS CORRESPONDANTS
L'AUTRE CORRECTE ET PRÉCÉDÉE DU TEXTE LATIN

Avec des sommaires et des notes

PAR UNE SOCIÉTÉ DE PROFESSEURS
ET DE LATINISTES

CÉSAR

LIVRE Ier DES COMMENTAIRES SUR LA GUERRE CIVILE

PARIS
LIBRAIRIE DE L. HACHETTE ET Cie
BOULEVARD SAINT-GERMAIN, N° 77

1864

AVIS

RELATIF A LA TRADUCTION JUXTALINÉAIRE.

On a réuni par des traits les mots français qui traduisent un seul mot latin.

On a imprimé en *italique* les mots qu'il était nécessaire d'ajouter pour rendre intelligible la traduction littérale, et qui n'avaient pas leur équivalent dans le latin.

Enfin, les mots placés entre parenthèses, dans le français, doivent être considérés comme une seconde explication, plus intelligible que la version littérale.

ARGUMENT ANALYTIQUE

DU PREMIER LIVRE DES COMMENTAIRES DE CÉSAR SUR LA GUERRE CIVILE.

I. Cause et origine de la guerre civile. Le consul Lentulus et Scipion s'opposent à ce que l'on délibère dans le sénat sur les lettres de César.

II. César reçoit l'ordre de licencier son armée.

III. Le sénat se range à contre-cœur du côté de Pompée, malgré l'opposition des tribuns du peuple.

IV. Pompée se déclare contre César.

V. Sénatus-consulte portant que les consuls, les préteurs et les tribuns du peuple veilleront à ce que la république n'éprouve aucun dommage.

VI. Distribution des provinces aux Pompéiens. Levées dans toute l'Italie.

VII. César a pour lui les soldats.

VIII-X. Il se rend à Ariminum; il y rencontre les tribuns du peuple. Ses tentatives pour conserver la paix.

XI. Il rejette les propositions de Pompée, et s'empare d'Arrétium, de Pisaure, de Fanum et d'Ancône.

XII. Iguvium. César fait des levées dans tout le Picénum.

XIII. Il s'empare d'Auximum.

XIV. Alarme dans Rome. Pompée sort de la ville. Lentulus s'enfuit, après avoir pillé le trésor public, et arme à Capoue les gladiateurs de César.

XV. César reprend Asculum; il renforce ses cohortes avec les levées de Pompée.

XVI. Il assiége Domitius à Corfinium.

XVII. Domitius demande inutilement du secours à Pompée.
XVIII. Les habitants de Sulmone ouvrent leurs portes à César.
XIX. Alarme à Corfinium.
XX. Domitius tente vainement de s'échapper.
XXI-XXII. Négociations pour la capitulation de Corfinium.
XXIII. Corfinium se rend. César renvoie les généraux de Pompée, astreint les soldats au serment et passe dans l'Apulie.
XXIV. Pompée s'enfuit à Brindes; il rassemble des troupes, arme les esclaves et les pâtres. César cherche à renouer avec Pompée les négociations pour la paix.
XXV. César assiége Pompée dans Brindes.
XXVI. Pompée se refuse à toute négociation.
XXVII. Pompée passe à Dyrracchium.
XXVIII. Les habitants de Brindes se rendent à César.
XXIX. César songe à s'assurer l'Espagne.
XXX-XXXI. Valérius chasse Cotta de la Sardaigne, Curion arrache la Sicile à Caton; Varus résiste à Tubéron en Afrique.
XXXII. Retour de César à Rome : il conseille au sénat d'envoyer des députés à Pompée.
XXXIII. Cette proposition n'étant pas agréée, César part pour la Gaule ultérieure.
XXXIV. Marseille ferme ses portes à César, sur le conseil de Domitius.
XXXV. Vaines tentatives de César pour détourner Marseille de la guerre.
XXXVI. Domitius arrive à Marseille; César se dispose à assiéger la ville.
XXXVII. César s'empare des gorges des Pyrénées.
XXXVIII. Afranius et Pétréius, lieutenants de Pompée, commandent en Espagne.
XXXIX-XLII. Récit de plusieurs combats.
XLIII-LII. Les principales opérations militaires se font devant Ilerda.
LIII. La nouvelle des succès d'Afranius et de Pétréius raffermit le parti de Pompée dans Rome.
LIV-LV. Belle résistance de César.
LVI-LVII. Combat devant Marseille.

LVIII. Avantage remporté par Brutus.

LIX. Cette nouvelle, apportée à César devant Ilerda, amène un changement de fortune.

LX. Divers peuples d'Espagne abandonnent Afranius.

LXI-LXIII. César détourne le Sicoris. Effroi de Pétréius et d'Afranius.

LXIV-LXX. César leur livre plusieurs combats heureux.

LXXI-LXXIII. Il épargne les Afraniens par humanité, espérant se rendre maître d'eux sans combat.

LXXIV. On entre en pourparlers avec César pour qu'il garantisse la vie de Pétréius et d'Afranius. Espérances de paix.

LXXV-LXXVI. Pétréius fait égorger par trahison plusieurs soldats de César.

LXXVII. César se venge en renvoyant les Pompéiens sains et saufs.

LXXVIII. Les Afraniens, affamés et manquant de tout, abandonnent leur camp.

LXXIX-LXXXIII. César les inquiète et les arrête dans leur marche.

LXXXIV. Désespérant du succès, ils demandent à César une entrevue.

LXXXV. Reproches de César à Afranius.

LXXXVI-LXXXVII. Licenciement de l'armée.

G. JULII CÆSARIS
COMMENTARIORUM
DE BELLO CIVILI
LIBER I.

I. Litteris a C. Cæsare consulibus redditis, ægre ab iis impetratum est, summa tribunorum plebis contentione, ut in senatu recitarentur : ut vero ex litteris ad senatum referretur, impetrari non potuit. Referunt consules de republica. L. Lentulus consul senatu reique publicæ se non defuturum pollicetur, si audacter ac fortiter sententias dicere velint : sin Cæsarem respiciant atque ejus gratiam sequantur, ut

I. Des lettres de César ayant été remises aux consuls, il fallut toutes les instances des tribuns du peuple pour en obtenir la lecture dans le sénat; mais on pressa vainement les consuls d'en faire le rapport. Ils en firent un sur la situation de l'État. Le consul L. Lentulus déclare : « Que le sénat et la république peuvent disposer de lui, si l'on veut opiner avec hardiesse et courage; mais si, comme par le passé, l'on ménageait César et l'on captait ses bonnes grâces,

G. JULES CÉSAR.

COMMENTAIRES

SUR LA GUERRE CIVILE.

LIVRE I.

I. Litteris a C. Cæsare
redditis consulibus,
impetratum est ægre
ab iis,
summa contentione
tribunorum plebis,
ut recitarentur
in senatu :
ut vero referretur
ad senatum
ex litteris,
non potuit impetrari.
Consules referunt
de republica.
Consul L. Lentulus
pollicetur
se non defuturum
senatu reique publicæ,
si velint
dicere sententias
audacter ac fortiter :
sin respiciant Cæsarem
atque sequantur

I. Des lettres de C. César
ayant été remises aux consuls,
il fut obtenu avec-peine
de ceux-ci,
par l'extrême insistance
des tribuns du peuple,
qu'elle fussent lues
dans le sénat :
mais qu'on fît-un-rapport
au sénat
d'après *ces* lettres (sur leur contenu),
cela ne pût être obtenu.
Les consuls font-un-rapport
sur *l'état de* la république.
Le consul L. Lentulus
promet
lui ne devoir pas faire-défaut
au sénat et à la république,
s'ils (les sénateurs) veulent
dire *leur* opinions (opiner)
avec-hardiesse et avec-courage :
mais-s'ils regardent (ménagent) César
et qu'ils suivent (captent)

superioribus fecerint temporibus, se sibi consilium capturum neque senatus auctoritati obtemperaturum; habere se quoque ad Cæsaris gratiam atque amicitiam receptum. In eamdem sententiam loquitur Scipio : Pompeio esse in animo, reipublicæ non deesse, si senatus sequatur; sin cunctetur, atque agat lenius, nequidquam ejus auxilium, si postea velit, senatum imploraturum.

II. Hæc Scipionis oratio, quod senatus in urbe habebatur Pompeiusque aderat, ex ipsius ore Pompeii mitti videbatur. Dixerat aliquis leniorem sententiam, ut primo M. Marcellus, ingressus in eam orationem, non oportere ante de ea re ad senatum referri, quam dilectus tota Italia habiti et exercitus conscripti essent; quo præsidio tuto et libere senatus, quæ vellet, decernere auderet : ut M. Calidius, qui censebat, ut

il songerait à ses propres intérêts et ne déférerait pas à l'opinion du sénat : il avait aussi, lui, les moyens de regagner la bienveillance et l'amitié de César. » Scipion parle dans le même sens : « Pompée, si le sénat le seconde, est résolu de ne pas abandonner la république; mais si l'on temporise, si l'on agit mollement, en vain, dans la suite, viendrait-on implorer son appui. »

II. Ce discours de Scipion, en plein sénat, à Rome, lorsque Pompée était aux portes, semblait sortir de la bouche même de Pompée. Il y eut des avis plus modérés : M. Marcellus commença par dire : « Qu'avant de délibérer sur l'état de la république, il fallait faire des levées dans toute l'Italie et réunir une armée, à l'abri de laquelle le sénat pût librement et sans crainte décréter ce qu'il vou-

gratiam ejus,	la faveur de lui,
ut fecerint	comme ils ont fait
temporibus superioribus,	dans les temps précédents,
se capturum consilium	lui devoir prendre une résolution
sibi	pour soi (dans ses propres intérêts)
neque obtemperaturum	et ne devoir pas obtempérer
auctoritati senatus;	à l'autorité du sénat;
se quoque	lui aussi
habere receptum	avoir un refuge
ad gratiam atque amicitiam	vers (dans) la faveur et l'amitié
Cæsaris.	de César.
Scipio loquitur	Scipion parle
in eamdem sententiam :	dans le même sens, *disant* :
esse in animo	être dans l'intention
Pompeio,	à (de) Pompée,
non deesse reipublicæ,	de ne pas faire-défaut à la république,
si senatus sequatur;	si le sénat *le* suit (seconde);
sin cunctetur,	mais s'il temporise,
atque agat	et qu'il agisse
lenius,	plus mollement *qu'il ne faut*,
senatum, si velit postea,	le sénat, s'il *le* veut dans-la-suite,
imploraturum nequidquam	devoir implorer en-vain
auxilium ejus.	le secours de lui.
II. Hæc oratio	II. Ce discours
Scipionis	de Scipion
videbatur mitti	paraissait être émis (sortir)
ex ore Pompeii ipsius,	de la bouche de Pompée lui-même,
quod senatus	parce que le sénat
habebatur in urbe	se tenait dans la ville
Pompeiusque aderat.	et *que* Pompée était-tout-près.
Aliquis	Quelqu'un (quelques-uns)
dixerat	avait dit (avaient émis)
sententiam leniorem,	un avis plus modéré,
ut primo M. Marcellus,	comme d'abord M. Marcellus,
ingressus	qui entra
in eam orationem,	dans ce discours (cette discussion),
non oportere	*disant* ne pas falloir
referri	être rapporté (qu'on fît un rapport)
ad senatum	au sénat
de ea re,	sur cette affaire,
ante quam dilectus	avant que des levées
habiti essent	eussent été faites
tota Italia	dans toute l'Italie
et exercitus conscripti;	et des armées enrôlées :
quo præsidio	*grâce* auquel secours
senatus auderet	le sénat oserait
decernere quæ vellet	décréter *les mesures* qu'il voudrait

Pompeius in suas provincias proficisceretur, ne qua esset armorum causa ; timere Cæsarem, abreptis ab eo duabus legionibus, ne ad ejus periculum reservare et retinere eas ad urbem Pompeius videretur : ut M. Rufus, qui sententiam Calidii paucis fere mutatis rebus sequebatur : hi omnes, convicio L. Lentuli consulis correpti, exagitabantur. Lentulus sententiam Calidii pronunciaturum se omnino negavit. Marcellus, perterritus conviciis, a sua sententia discessit. Sic vocibus consulis, terrore præsentis exercitus, minis amicorum Pompeii, plerique compulsi, inviti et coacti Scipionis sententiam sequuntur : uti ante certam diem Cæsar exercitum dimittat; si non faciat, eum adversus rempublicam facturum

drait. » M. Calidius opinait « A ce que, pour ôter tout sujet de guerre, Pompée partit pour ses gouvernements ; car César craignait qu'il ne retînt et ne gardât près de Rome, pour s'en servir contre lui, les deux légions qu'on lui avait enlevées. » M. Rufus était, à quelques mots près, de l'avis de Calidius. Lentulus s'emporte contre eux en termes outrageants : il refuse formellement de mettre aux voix l'opinion de Calidius, et Marcellus intimidé abandonne la sienne. Subjugués ainsi par les vociférations du consul, par la crainte d'une armée en vue, par les menaces des amis de Pompée, la plupart sont entraînés à voter malgré eux avec Scipion : « Que César eût à licencier son armée avant un jour fixé ; sinon, il serait regardé comme ennemi de la république. » Les tribuns du peuple,

tuto et libere :	sûrement et librement :
ut M. Calidius,	comme *encore* M. Calidius,
qui censebat	qui opinait
ut Pompeius proficisceretur	à-ce-que Pompée partît
in suas provincias,	pour ses provinces,
ne qua causa	de-peur-que quelque motif
armorum	d'armes (de guerre)
esset ;	ne fût ;
Cæsarem timere,	*car* César craindre,
duabus legionibus	deux légions
abreptis ab eo,	ayant été enlevées à lui,
ne Pompeius	que Pompée
videretur reservare	ne parût réserver
et retinere eas ad urbem	et retenir elles près de la ville
ad periculum ejus :	pour le danger de lui (César) :
ut M. Rufus,	comme *enfin* M. Rufus,
qui sequebatur	qui suivait
sententiam Calidii	l'avis de Calidius
paucis rebus fere	peu-de choses presque
mutatis :	étant changées :
omnes hi,	tous ces *sénateurs*,
correpti convicio	attaqués par les invectives
consulis L. Lentuli,	du consul L. Lentulus,
exagitabantur.	étaient poursuivis *de huées*.
Lentulus	Lentulus
negavit omnino	refusa absolument
se pronunciaturum	lui devoir mettre-aux-voix
sententiam Calidii.	l'opinion de Calidius.
Marcellus,	Marcellus,
perterritus conviciis,	épouvanté par les invectives,
discessit a sua sententia.	se désista de son opinion.
Sic plerique	Ainsi la plupart
compulsi	entraînés
vocibus consulis,	par les paroles du consul,
terrore	par la crainte
exercitus præsentis,	d'une armée présente,
minis amicorum	par les menaces des amis
Pompeii,	de Pompée,
sequuntur	suivent
inviti et coacti	malgré-eux et forcés
sententiam Scipionis :	l'opinion de Scipion :
uti Cæsar	que César
dimittat exercitum	renvoie *son* armée
ante diem certam ;	avant un jour fixé ;
si non faciat,	s'il ne *le* fait pas,
eum videri facturum	lui paraître devoir faire (agir)
adversus rempublicam.	contre la république.

videri. Intercedit M. Antonius, Q. Cassius, tribuni plebis. Refertur confestim de intercessione tribunorum : dicuntur sententiæ graves : ut quisque acerbissime crudelissimeque dixit, ita quam maxime ab inimicis Cæsaris collaudatur.

III. Misso ad vesperum senatu, omnes, qui sunt ejus ordinis, a Pompeio evocantur. Laudat Pompeius atque in posterum confirmat; segniores castigat atque incitat. Multi undique ex veteribus Pompeii exercitibus spe præmiorum atque ordinum evocantur : multi ex duabus legionibus, quæ sunt transditæ a Cæsare, arcessuntur : completur urbs et ejus comitium tribunis, centurionibus, evocatis. Omnes amici consulum, necessarii Pompeii atque eorum, qui veteres inimicitias cum Cæsare gerebant, in senatum coguntur, quorum

M. Antonius et Q. Cassius, s'opposent au décret : à l'instant on fait le rapport sur leur opposition, on ouvre des avis violents; plus quelqu'un montre d'aigreur et de férocité, plus il reçoit d'éloges des ennemis de César.

III. Le sénat s'étant séparé jusqu'au soir, Pompée en fait venir tous les membres : il loue, il encourage les exaltés; il réprimande, il excite les modérés. Il cherche partout et rappelle près de lui par l'espoir des récompenses et des grades beaucoup de ses anciens soldats; il en tire beaucoup des deux légions livrées par César : la ville et le lieu même des comices sont encombrés de tribuns des soldats, de centurions et de vétérans rappelés. Au sénat se rassemblent tous les amis des consuls, les partisans de Pompée, ceux qui nourrissaient de vieilles haines contre César; leur nombre, leurs cris inti-

M. Antonius	M. Antonius
intercedit,	s'oppose,
Q. Cassius,	*ainsi que* Q. Cassius,
tribuni plebis.	tribuns du peuple.
Confestim refertur	Aussitôt on fait-un-rapport
de intercessione	sur l'opposition
tribunorum :	des tribuns :
sententiæ graves	des avis violents
dicuntur :	sont dits (émis) :
ut quisque dixit	selon-que chacun a dit (parlé)
acerbissime	avec-le-plus-d'aigreur
crudelissimeque,	et avec-le-plus-de-cruauté,
ita collaudatur	ainsi il est loué *autant*
quam maxime	qu'*il peut l'être* le plus
ab inimicis Cæsaris.	par les ennemis de César.
III. Senatu	III. Le sénat
misso ad vesperum,	ayant été congédié jusqu'au soir,
omnes	tous *ceux*
qui sunt ejus ordinis,	qui sont de cet ordre,
evocantur	sont appelés *hors de la ville*
a Pompeio.	par Pompée.
Pompeius laudat	Pompée *les* loue
atque confirmat	et *les* encourage
in posterum ;	pour l'avenir ;
castigat atque incitat	il réprimande et il excite
segniores.	les plus mous.
Multi	Beaucoup-*de soldats*
ex veteribus exercitibus	des anciennes armées
Pompeii	de Pompée
evocantur undique	sont rappelés de-toutes-parts
spe præmiorum	par l'espoir des récompenses
atque ordinum :	et des grades :
multi arcessuntur	beaucoup-d'*autres* sont mandés
ex duabus legionibus,	des deux légions,
quæ sunt transditæ	qui ont été livrées
a Cæsare :	par César :
urbs	la ville
et comitium ejus	et la place-des-comices d'elle
completur	se remplit
tribunis, centurionibus,	de tribuns, de centurions,
evocatis.	de *soldats* rappelés.
Omnes amici consulum,	Tous les amis des consuls,
necessarii Pompeii	les partisans de Pompée
atque eorum	et de ceux
qui gerebant	qui portaient (nourrissaient)
veteres inimicitias	de vieilles inimitiés
cum Cæsare,	avec (contre) César,

vocibus et concursu terrentur infirmiores, dubii confirmantur, plerisque vero libere decernendi potestas eripitur. Pollicetur L. Piso censor, sese iturum ad Cæsarem; item L. Roscius prætor, qui de his rebus cum doceant : sex dies ad eam rem conficiendam spatii postulant. Dicuntur etiam a nonnullis sententiæ, ut legati ad Cæsarem mittantur, qui voluntatem senatus ei proponant.

IV. Omnibus his resistitur, omnibusque oratio consulis, Scipionis, Catonis opponitur. Catonem veteres inimicitiæ Cæsaris incitant et dolor repulsæ. Lentulus æris alieni [magnitudine et spe exercitus ac provinciarum et regum appellandorum largitionibus movetur, [seque alterum fore Sullam inter suos gloriatur, ad quem summa imperii redeat. Scipionem eadem spes provinciæ atque exercituum impellit, quos

mident les plus faibles, déterminent les incertains, ôtent à la plupart la faculté d'opiner librement. Le censeur L. Pison, le préteur L. Roscius offrent d'aller instruire César de ce qui se passe; ils ne demandent que six jours : plusieurs autres proposent de lui envoyer notifier la volonté du sénat.

IV. On se refuse à tout; on oppose à tout les discours du consul, de Scipion, de Caton. D'anciennes animosités, le ressentiment d'un refus excitent Caton. Les motifs de Lentulus sont ses dettes énormes, l'espoir de disposer d'une armée, d'une province, les riches présents de ceux qui lui devront le titre de roi : il se flatte, devant ses amis,

coguntur in senatum,	se rassemblent au sénat,
vocibus et concursu quorum	par les cris et le concours desquels
infirmiores terrentur,	les plus faibles sont intimidés,
dubii confirmantur,	les incertains sont affermis,
plerisque vero	mais à la plupart
potestas eripitur	le pouvoir est ôté
decernendi libere.	d'opiner librement.
Censor L. Piso	Le censeur L. Pison
pollicetur	promet
sese iturum	lui-même devoir-aller
ad Cæsarem ;	vers César ;
item prætor L. Roscius,	de-même le préteur L. Roscius,
qui doceant eum	lesquels (pour qu'ils) instruisent lui
de his rebus :	de ces choses :
postulant sex dies	ils demandent six jours
spatii	de délai
ad conficiendam eam rem.	pour achever cette affaire.
Sententiæ etiam	D'*autres* avis encore
dicuntur a nonnullis,	sont émis par quelques-uns,
ut legati mittantur	*savoir* que des députés soient envoyés
ad Cæsarem,	vers César,
qui proponant ei	qui notifient à lui
voluntatem senatus.	la volonté du sénat.
IV. Resistitur	IV. On-résiste
omnibus his,	à tous ces *avis*,
omnibusque opponitur	et à tous est opposé
oratio consulis,	le discours du consul,
Scipionis, Catonis.	*celui* de Scipion, *celui* de Caton.
Veteres inimicitiæ	D'anciennes inimitiés
Cæsaris	de César
et dolor repulsæ	et le ressentiment d'un échec
incitant Catonem.	excitent Caton.
Lentulus movetur	Lentulus est mû
magnitudine	par la grandeur
æris alieni	de l'argent d'-emprunt (de ses dettes)
et spe exercitus	et par l'espoir d'une armée
ac provinciarum	et de provinces *à gouverner*
et largitionibus	et par les largesses
appellandorum regum,	de *ceux* devant être nommés rois,
gloriaturque	et il se glorifie
inter suos	parmi les siens
se fore alterum Sullam,	lui devoir être un second Sylla,
ad quem redeat	à qui revienne (reviendra)
summa imperii.	la somme du pouvoir.
Eadem spes provinciæ	Le même espoir d'une province
atque exercituum	et d'armées *à commander*
impellit Scipionem,	pousse Scipion,

se pro necessitudine partiturum cum Pompeio arbitratur; simul judiciorum metus, adulatio atque ostentatio sui et potentium, qui in republica judiciisque tum plurimum pollebant. Ipse Pompeius, ab inimicis Cæsaris incitatus, et quod neminem secum dignitate exæquari volebat, totum se ab ejus amicitia averterat et cum communibus inimicis in gratiam redierat, quorum ipse maximam partem illo affinitatis tempore injunxerat Cæsari. Simul infamia duarum legionum permotus, quas ab itinere Asiæ Syriæque ad suam potentiam dominatumque converterat, rem ad arma deduci studebat.

V. His de causis aguntur omnia raptim atque turbate; nec docendi Cæsaris propinquis ejus spatium datur; nec tribunis plebis sui periculi deprecandi, neque etiam extremi juris in-

d'être un jour un autre Sylla, réunissant, comme lui, tout le pouvoir dans ses mains. Scipion ompte aussi sur un gouvernement et sur le commandement des armées, qu'il espère partager avec Pompée, à raison de leur intimité : à cela se joignent la crainte des accusations et sa vanité caressée par les gens alors les plus puissants dans l'État et dans les tribunaux. Pompée, lui-même, animé par les ennemis de César et ne voulant point d'ailleurs avoir d'égal, avait abjuré toute amitié pour lui et s'était réconcilié avec leurs communs ennemis, qu'il avait, pour la plupart, attirés à César, au temps de leur union : sentant en outre quelle bassesse il y avait eu à détourner du chemin de l'Asie et de la Syrie les deux légions qu'il lui avait enlevées, pour en étayer sa puissance, il faisait tout pour que l'on en vînt aux mains.

V. De là une précipitation, une irrégularité sans exemple : on ne donne pas aux parents de César le temps de l'instruire : on ôte aux tribuns du peuple les moyens de conjurer l'orage qui les menace et

quos arbitratur	lesquelles *armées* il pense
se partiturum	lui devoir partager
cum Pompeio	avec Pompée
pro necessitudine;	à-raison-de *leur* intimité;
simul metus	en-même-temps la crainte
judiciorum,	des jugements (tribunaux),
adulatio	la flatterie
atque ostentatio	et l'ostentation
sui et potentium,	de lui et des puissants,
qui pollebant	qui avaient-du-crédit
tum plurimum	alors le plus *possible*
in republica	dans l'État
judiciisque.	et dans les jugements (les tribunaux).
Pompeius ipse,	Pompée lui-même,
incitatus	excité
ab inimicis Cæsaris,	par les ennemis de César,
et quod volebat	et parce qu'il voulait
neminem exæquari	personne n'être égalé
secum dignitate,	avec (à) lui en dignité,
averterat se totum	avait détourné soi tout-entier
ab amicitia ejus	de l'amitié de lui (César)
et redierat in gratiam	et était retourné (rentré) en grâce
cum inimicis communibus,	avec *leurs* ennemis communs,
quorum ipse	desquels lui-même
injunxerat Cæsari	il avait attiré à César
maximam partem	la plus grande partie
illo tempore	en ce temps-là
affinitatis.	de *leur* union.
Simul permotus	En-même-temps agité-vivement
infamia duarum legionum,	par la honte des deux légions,
quas converterat	qu'il avait détournées
ab itinere Asiæ	du chemin de l'Asie
Syriæque	et de la Syrie
ad suam potentiam	vers (au profit de) sa puissance
dominatumque,	et *sa* domination,
studebat	il s'efforçait [vînt]
rem deduci	pour la chose être amenée (pour qu'on en
ad arma.	aux armes.
V. De his causis	V. Pour ces motifs
omnia aguntur	tout se fait
raptim atque turbate;	avec-précipitation et avec-trouble;
nec spatium	ni l'espace (le temps)
docendi Cæsaris	d'instruire César
datur propinquis ejus;	n'est donné aux proches de lui;
nec facultas tribuitur	ni la faculté n'est accordée
tribunis plebis	aux tribuns du peuple
deprecandi sui periculi,	de conjurer leur danger,

tercessione retinendi, quod L. Sulla reliquerat, facultas tribuitur; sed de sua salute septimo die cogitare coguntur; quod illi turbulentissimi superioribus temporibus tribuni plebis octavo denique mense suarum actionum respicere ac timere consuerant. Decurritur ad illud extremum atque ultimum senatusconsultum, quo, nisi pæne in ipso urbis incendio atque in desperatione omnium salutis, latorum audacia nunquam ante discessum est : dent operam consules, prætores, tribuni plebis, quique consulares sunt ad urbem, ne quid respublica detrimenti capiat. Hæc senatusconsulta perscribuntur ante diem VIII idus januarias. Itaque quinque primis diebus, quibus haberi senatus potuit, qua ex die consulatum iniit Lentulus, biduo excepto comitiali, et de imperio Cæsaris

jusqu'à l'exercice du faible droit d'opposition que leur avait laissé Sylla : on les réduit à songer à leur sûreté dès le septième jour, tandis que les tribuns les plus séditieux d'autrefois ne pensaient au compte à rendre de leurs actions, et ne commençaient à craindre qu'au bout de huit mois. On en vient à ce décret extrême, à ce dernier des sénatus-consultes, que jamais on n'osa porter que quand le feu était presque dans Rome, quand tout était désespéré : « Que les consuls, les préteurs, les tribuns du peuple, et les proconsuls, qui sont près de la ville, veillent à ce que la république n'éprouve aucun dommage. » Tous ces sénatus-consultes étaient rendus le huit des ides de janvier. Ainsi, dans les cinq premiers jours où le sénat put s'assembler sous le consulat de Lentulus, déduction faite de deux pour les comices, on rendit les décrets les plus rigoureux et

neque etiam	ni même
retinendi intercessione,	de retenir par l'opposition
extremi juris	le dernier droit
quod L. Sulla reliquerat;	que L. Sylla *leur* avait laissé;
sed coguntur	mais ils sont forcés
cogitare de sua salute	de songer à leur salut
septimo die;	*dès* le septième jour;
quod illi tribuni plebis	*chose* que ces tribuns du peuple
turbulentissimi	les plus turbulents
temporibus superioribus	dans les temps précédents
consuerant respicere	avaient-coutume de regarder
ac timere	et de craindre
octavo mense denique	le huitième mois enfin (seulement)
suarum actionum.	de leurs actes *officiels*.
Decurritur	On-recourt
ad illud senatus consultum	à ce sénatus-consulte
extremum atque ultimum,	extrême et dernier,
quo, nisi pæne	où (auquel), sinon presque
in incendio ipso urbis	dans l'incendie même de la ville
atque in desperatione	et dans le désespoir
salutis omnium,	du salut de tous,
discessum est nunquam	on n'en-vint jamais
ante	auparavant
audacia latorum :	par (malgré) l'audace des législateurs;
consules, prætores,	que les consuls, les préteurs,
tribuni plebis,	les tribuns du peuple,
consularesque	et les consulaires
qui sunt ad urbem,	qui sont près de la ville,
dent operam,	donnent *leurs* soins,
ne republica	pour que la république
capiat quid detrimenti.	ne reçoive quelque *part* de dommage.
Hæc senatus consulta	Ces sénatus-consultes
perscribuntur	sont rédigés
octavum diem ante	le huitième jour avant
idus januarias.	les ides de-janvier.
Itaque	C'est-pourquoi
quinque primis diebus,	dans les cinq premiers jours,
quibus senatus	*pendant* lesquels le sénat
potuit haberi,	put se tenir (s'assembler),
ex die qua Lentulus	à-partir-du jour où Lentulus
iniit consulatum,	entra dans *son* consulat,
biduo comitiali	les deux-jours des-comices
excepto,	étant exceptés (déduits),
decernitur	on décrète
gravissime	le plus rigoureusement
acerbissimeque	et le plus violemment
et de imperio Cæsaris	et sur le commandement de César

et de amplissimis viris, tribunis plebis, gravissime acerbissimeque decernitur. Profugiunt statim ex urbe tribuni plebis seseque ad Cæsarem conferunt. Is eo tempore erat Ravennæ exspectabatque suis lenissimis postulatis responsa, si qua hominum æquitate res ad otium deduci posset.

VI. Proximis diebus habetur senatus extra urbem. Pompeius eadem illa, quæ per Scipionem ostenderat, agit; senatus virtutem constantiamque collaudat; copias suas exponit; legiones habere sese paratas decem; præterea cognitum compertumque sibi, alieno esse animo in Cæsarem milites, neque iis posse persuaderi, uti eum defendant aut sequantur saltem. De reliquis rebus ad senatum refertur : tota Italia dilectus habeantur; Faustus Sulla proprætor in Mauritaniam mittatur; pecunia uti ex ærario Pompeio detur. Refertur etiam de rege Juba, ut socius sit atque amicus : Marcellus vero passu-

contre César, et contre la personne si respectable des tribuns du peuple. Ils s'enfuirent aussitôt de la ville et se retirèrent vers César, qui attendait alors à Ravenne que l'on répondît à ses demandes très-modérées, si un reste d'équité pouvait encore amener une conciliation.

VI. Les jours suivants le sénat se tient hors de Rome. Pompée tient le langage qu'avait laissé pressentir Scipion. Il exalte la vigueur et la fermeté du sénat, et donne l'état de ses forces. Il a dix légions prêtes : de plus, il sait, il s'est assuré que les soldats de César sont mal disposés à son égard, et qu'on ne pourra obtenir d'eux ni de le défendre, ni même de le suivre. Le sénat délibère ensuite sur les autres sujets : on propose d'ordonner des levées dans toute l'Italie; d'envoyer Faustus Sylla comme propréteur en Mauritanie, et de tirer du trésor de l'argent pour Pompée; on propose encore de donner au roi Juba le titre d'ami et d'allié. Marcellus déclare qu'il n'y consentira pas pour le mo-

et de viris amplissimis.	et sur les hommes les plus considérables.
Statim tribuni plebis	Aussitôt les tribuns du peuple
profugiunt ex urbe	s'enfuient de la ville
seseque conferunt	et se portent
ad Cæsarem.	vers César.
Is eo tempore	Celui-ci en ce temps-là
erat Ravennæ	était à Ravenne
exspectabatque responsa	et attendait des réponses
suis postulatis	à ses demandes
lenissimis,	très-modérées,
si res posset	*pour voir* si la chose pourrait
deduci ad otium	être amenée à la paix
qua æquitate hominum.	par quelque équité des hommes.
VI. Diebus proximis	VI. Les jours suivants
senatus habetur	le sénat se tient (s'assemble)
extra urbem.	hors de la ville.
Pompeius	Pompée
agit illa eadem,	fait ces même choses
quæ ostenderat	qu'il avait montrées
per Scipionem ;	par-l'intermédiaire-de Scipion ;
collaudat virtutem	il loue le courage
constantiamque senatus ;	et la fermeté du sénat ;
exponit suas copias ;	il expose *l'état de* ses forces ;
sese habere	*disant* lui avoir
decem legiones paratas ;	dix légions prêtes ;
præterea cognitum	en-outre *ceci être* connu
compertumque sibi,	et assuré à lui
milites esse	les soldats être
in Cæsarem	envers César
animo alieno,	d'une disposition-d'esprit hostile,
neque posse persuaderi iis	et ne pouvoir être persuadé à eux
uti defendant eum	qu'ils défendent lui
aut saltem sequantur.	ou du moins qu'ils *le* suivent.
Refertur ad senatum	On fait-un-rapport au sénat
de reliquis rebus :	sur le reste-des affaires :
dilectus habeantur	que des levées soient faites
tota Italia ;	dans toute l'Italie ;
Faustus Sulla	que Faustus Sylla
mittatur proprætor	soit envoyé *comme* propréteur
in Mauritaniam ;	en Mauritanie ;
uti pecunia	que de l'argent
ex ærario	*tiré* du trésor-public
detur Pompeio.	soit donné à Pompée.
Refertur etiam	On fait-un-rapport aussi
de rege Juba,	sur le roi Juba,
ut sit socius	pour qu'il soit allié
atque amicus :	et ami *du peuple romain* :

rum se in præsentia negat. De Fausto impedit Philippus, tribunus plebis. De reliquis rebus senatusconsulta perscribuntur, provinciæ privatis decernuntur, duæ consulares, reliquæ prætoriæ : Scipioni obvenit Syria, L. Domitio Gallia. Philippus et Marcellus privato consilio prætereuntur, neque eorum sortes dejiciuntur. In reliquas provincias prætores mittuntur, neque exspectant, quod superioribus annis acciderat, ut de eorum imperio ad populum feratur, paludatique, votis nuncupatis exeunt, quod ante id tempus acciderat nunquam. Consules ex urbe proficiscuntur, lictoresque habent in urbe et Capitolio privati, contra omnia vetustatis exempla. Tota Italia dilectus habentur, arma imperantnr, pecuniæ a muni-

ment; le tribun du peuple, Philippe, s'oppose à ce qui concerne Faustus : le sénat décrète le reste. On donne à des particuliers des provinces, deux consulaires et les autres prétoriennes. La Syrie échoit à Scipion, la Gaule à L. Domitius. L'intrigue fait laisser de côté Philippe et Marcellus; leurs noms ne sont pas mis dans l'urne. On envoie dans les autres provinces des préteurs, qui n'attendent pas, comme ceux des années précédentes, que l'on ait soumis leur nomination au peuple, et qui sortent de la ville revêtus du *paludamentum*, après avoir fait les vœux accoutumés; ce qui n'était encore jamais arrivé. Les consuls sortent de la ville; et, chose inouïe, des particuliers ont des licteurs dans Rome et dans le Capitole. Dans toute l'Italie, on fait des levées, on commande des armes, on exige de l'argent

Marcellus vero	mais Marcellus
negat	refuse
se passurum	lui devoir souffrir *de telles mesures*
in præsentia.	pour le moment.
De Fausto	Touchant Faustus
Philippus, tribunus plebis,	Philippe, tribun du peuple,
impedit.	empêche (fait opposition).
De reliquis rebus	Touchant le reste-des affaires
senatusconsulta	des sénatus-consultes
perscribuntur,	sont rédigés,
provinciæ decernuntur	des provinces sont décernées
privatis,	à des particuliers,
duæ consulares,	deux *provinces* consulaires,
reliquæ prætoriæ :	les *provinces* restantes prétoriennes :
Syria obvenit	la Syrie échoit
Scipioni,	à Scipion,
Gallia L. Domitio.	la Gaule à L. Domitius.
Philippus et Marcellus	Philippe et Marcellus
prætereuntur	sont laissés-de-côté
consilio privato,	par une intrigue privée,
neque sortes eorum	et les noms d'eux
dejiciuntur.	ne sont pas jetés *dans l'urne*.
Prætores mittuntur	Des préteurs sont envoyés
in provincias reliquas,	dans les provinces restantes,
neque exspectant,	et n'attendent pas,
quod acciderat	ce qui était arrivé
annis superioribus,	dans les années précédentes,
ut feratur	qu'on fasse-une-proposition
ad populum	au peuple
de imperio	sur le commandement
eorum,	d'eux,
votisque nuncupatis	et les vœux étant prononcés
exeunt	ils sortent
paludati,	vêtus-de-l'habit-militaire,
quod acciderat nunquam	ce qui n'était arrivé jamais
ante id tempus.	avant ce temps-là.
Consules	Les consuls
proficiscuntur ex urbe,	partent de la ville,
privatique	et de *simples* particuliers
habent lictores	ont des licteurs
in urbe et Capitolio,	dans la ville et au Capitole,
contra omnia exempla	contre tous les exemples
vetustatis.	du temps-passé.
Tota Italia	Dans toute l'Italie
dilectus habentur,	des levées sont faites,
arma imperantur,	des armes sont commandées,
pecuniæ exiguntur	des sommes-d'argent sont exigées

cipiis exiguntur, e fanis tolluntur, omnia divina humanaque jura permiscentur.

VII. Quibus rebus cognitis, Cæsar apud milites concionatur. Omnium temporum injurias inimicorum in se commemorat, a quibus seductum ac depravatum Pompeium queritur, invidia atque obtrectatione laudis suæ, cujus ipse honor et dignitati semper faverit adjutorque fuerit. Novum in republica introductum exemplum queritur, ut tribunitia intercessio armis notaretur atque opprimeretur, quæ superioribus annis esset restituta. Sullam, nudata omnibus rebus tribunitia potestate, tamen intercessionem liberam reliquisse. Pompeium, qui amissa restituisse videatur, dona etiam, quæ ante habuerit, ademisse. Quotiescumque sit decretum, darent magistratus operam, ne quid respublica detrimenti caperet (qua voce et quo senatusconsulto populus Romanus ad

des villes municipales, on en enlève des temples : tous les droits humains et divins sont bouleversés.

VII. A ces nouvelles, César harangue ses soldats. Il leur rappelle les persécutions constantes de ses ennemis; il se plaint de leurs jalousies et de leurs calomnies, qui lui ont aliéné, qui ont perverti Pompée, aux honneurs et à l'élévation duquel il avait toujours applaudi et contribué. Il gémit sur l'exemple que l'on vient de donner, de mépriser, d'anéantir par la force le droit d'opposition rendu aux tribuns du peuple. En les dépouillant de leur puissance, Sylla leur avait cependant laissé le libre exercice de ce droit. Pompée avait semblé leur rendre ce qu'ils avaient perdu, et il leur ôtait même ce qu'ils avaient conservé. Chaque fois que l'on avait décrété que les magistrats veillassent à ce que la république ne reçût aucun dommage (formule du sénatus-consulte qui appelle le peuple aux armes), on

a municipiis,	des villes-municipales,
tolluntur e fanis,	sont enlevées des temples,
omnia jura	tous les droits
divina humanaque	divins et humains
permiscentur.	sont bouleversés.
VII. Quibus rebus	VII. Lesquelles choses
cognitis,	étant connues,
Cæsar concionatur	César fait-une-harangue
apud milites.	devant *ses* soldats.
Commemorat	Il *leur* rappelle
injurias	les injures
omnium temporum	de tous les temps
inimicorum in se,	de *ses* ennemis envers lui,
a quibus queritur	par lesquels il se plaint
Pompeium seductum	Pompée *avoir été* aliéné *de lui*
ac depravatum,	et perverti,
invidia atque obtrectatione	par jalousie et calomnie
suæ laudis,	de sa gloire,
honori et dignitati cujus	*lui* à l'honneur et à la dignité duquel
faverit semper	il a été-favorable toujours
fueritque adjutor.	et a été un aide.
Queritur	Il se plaint
novum exemplum	un nouvel exemple
introductum	*avoir été* introduit
in republica,	dans la république,
ut intercessio tribunitia	*savoir* que l'opposition tribunitienne
notaretur	fût stigmatisée
atque opprimeretur armis,	et fût opprimée par les armes,
quæ restituta esset	*elle* qui avait été restituée
annis superioribus.	dans les années précédentes.
Sullam,	*En effet* Sylla,
potestate tribunitia	la puissance tribunitienne
nudata	ayant été dépouillée
omnibus rebus,	de toutes choses (de tout),
tamen reliquisse	cependant avoir laissé
intercessionem liberam :	l'opposition libre :
Pompeium, qui videatur	Pompée, qui paraît
restituisse amissa,	avoir rendu les *droits* perdus,
ademisse etiam dona,	avoir ôté même les priviléges,
quæ habuerit ante.	que *le tribunat* eut auparavant.
Quotiescumque	Toutes-les-fois-que
decretum sit,	il a été décrété
magistratus	que les magistrats
darent operam,	donnassent *leurs* soins,
ne respublica	à-ce-que la république
caperet quid detrimenti,	ne reçût pas quelque *part* de dommage
(qua voce	(par laquelle parole

arma vocatus), factum in perniciosis legibus, in vi tribunitia, in secessione populi, templis locisque editioribus occupatis. Atque hæc superioris ætatis exempla expiata Saturnini atque Gracchorum casibus docet. Quarum rerum illo tempore nihil factum, ne cogitatum quidem; nulla lex promulgata, non cum populo agi cœptum, nulla secessio facta. Hortatur, cujus imperatoris ductu novem annis rempublicam felicissime gesserint plurimaque prœlia secunda fecerint, omnem Galliam Germaniamque pacaverint, ut ejus existimationem dignitatemque ab inimicis defendant. Conclamant legionis XIII, quæ aderat, milites (hanc enim initio tumultus evocaverat; reliquæ nondum convenerant) sese paratos

l'avait fait pour s'opposer à des lois pernicieuses, à la violence des tribuns, quand le peuple avait fait scission et s'était emparé des temples et des édifices dominants : et ces anciens événements avaient été expiés par la mort des Gracques et de Saturninus. Mais aujourd'hui l'on n'avait rien fait, rien même conçu de pareil. Il n'y avait eu ni lois promulguées, ni impulsion donnée au peuple, ni scission. Il finit en exhortant les soldats à défendre contre ses ennemis l'honneur et les droits d'un général, sous les ordres duquel ils avaient pendant neuf ans servi la république avec tant de succès, remporté tant de victoires, et soumis toute la Gaule et la Germanie. Aussitôt la treizième légion, qu'il avait mandée au commencement des troubles, et la seule qui l'eût encore rejoint, s'écrie : « Qu'elle

et quo senatusconsulto	et par lequel sénatus-consulte
populus Romanus	le peuple romain
sit vocatus ad arma)	est appelé aux armes),
factum	*cela avoir été* fait
in legibus perniciosis,	au-moment-de lois pernicieuses,
in vi tribunitia,	au-milieu-de la violence des-tribuns,
in secessione populi,	pendant la retraite du peuple,
templis	les temples
locisque editioribus	et les lieux plus élevés
occupatis.	ayant été occupés *par lui.*
Atque docet	Et il *leur* apprend
hæc exempla	ces exemples
ætatis superioris	d'un âge antérieur
expiata	*avoir été* expiés
casibus Saturnini	par les malheurs de Saturninus
atque Gracchorum.	et des Gracques.
Quarum rerum	Desquelles choses
nihil factum	rien *n'avait été* fait
illo tempore,	en ce temps-là,
ne cogitatum quidem;	pas même conçu;
nulla lex promulgata,	aucune loi promulguée,
non cœptum agi	on *n'avait* pas commencé à traiter
cum populo,	avec le peuple,
nulla secessio	aucune retraite *du peuple*
facta.	*n'avait été* faite.
Hortātur	Il *les* exhorte
ut defendant	pour qu'ils défendent
ab inimicis	contre *ses* ennemis
existimationem	la considération
dignitatemque ejus,	et la dignité de celui,
ductu cujus imperatoris	sous la conduite duquel général
novem annis	*pendant* neuf années
gesserint rempublicam	ils ont servi la république
felicissime	le plus heureusement
fecerintque	et ils ont fait (livré)
plurima prœlia secunda,	beaucoup-de combats heureux,
pacaverint	ils ont pacifié (soumis)
omnem Galliam	toute la Gaule
Germaniamque.	et la Germanie.
Milites	Les soldats
tertiædecimæ legionis,	de la treizième légion
quæ aderat	qui était-présente
(evocaverat enim hanc	(car il avait mandé elle
initio tumultus;	au commencement des troubles;
reliquæ	les *légions* restantes
nondum convenerant),	n'étaient pas arrivées encore),
conclamant	crient-tous-ensemble

2

esse, imperatoris sui tribunorumque plebis injurias defendere.

VIII. Cognita militum voluntate, Ariminum cum ea legione proficiscitur, ibique tribunos plebis, qui ad eum confugerant, convenit; reliquas legiones ex hibernis evocat et subsequi jubet. Eo L. Cæsar adolescens venit, cujus pater Cæsaris erat legatus. Is, reliquo sermone confecto, cujus rei causa venerat, habere se a Pompeio ad eum privati officii mandata, demonstrat : velle Pompeium se Cæsari purgatum, ne ea, quæ reipublicæ causa egerit, in suam contumeliam vertat; semper se reipublicæ commoda privatis necessitatibus habuisse potiora : Cæsarem quoque pro sua dignitate debere et studium et iracundiam suam reipublicæ dimittere, neque adeo graviter

est prête à soutenir les droits de son général et des tribuns du peuple. »

VIII. Assuré de la bonne volonté des soldats, César part avec cette légion pour Ariminum, où il rencontre les tribuns du peuple qui se réfugiaient vers lui : il tire des quartiers d'hiver ses autres légions et leur ordonne de le suivre. Là vint le trouver le jeune L. César, dont le père était un de ses lieutenants, et qui, après avoir traité l'affaire qui l'amenait, lui déclara « que Pompée l'avait chargé d'une commission particulière : il voulait se justifier aux yeux de César, qui ne devait pas se tenir outragé de ce que Pompée avait fait pour la république; il avait toujours préféré l'intérêt de l'État à ses liaisons personnelles : César devait aussi, pour sa gloire, sacrifier à la république ses passions et ses ressentiments, et ne pas les pousser jusqu'à

sese esse paratos	eux être prêts
defendere injurias	à écarter (venger) les injures
sui imperatoris	de leur général
tribunorumque plebis.	et des tribuns du peuple.
VIII. Voluntate militum cognita,	VIII. La volonté des soldats étant connue,
proficiscitur Ariminum	il part pour Ariminum
cum ea legione,	avec cette légion,
ibique convenit	et là il trouve
tribunos plebis,	les tribuns du peuple
qui confugerant ad eum ;	qui s'étaient réfugiés vers lui ;
evocat	il mande
ex hibernis	de *leurs* quartiers-d'hiver
legiones reliquas	les légions restantes
et jubet subsequi.	et *leur* ordonne de *le* suivre.
Eo venit	Là vint
adolescens L. Cæsar	le jeune L. César
cujus pater	dont le père
erat legatus Cæsaris.	était lieutenant de César.
Is,	Celui-ci,
reliquo sermone confecto,	le reste-de l'entretien étant terminé,
demonstrat,	déclare, [laquelle]
causa cujus rei venerat,	en vue de laquelle chose (chose pour il était venu,
se habere	lui-même avoir
a Pompeio ad eum	de Pompée pour lui (César)
mandata officii privati :	des commissions d'obligation privée :
Pompeium velle	*disant* Pompée vouloir
se purgatum Cæsari,	soi *être* lavé à (aux yeux de) César,
ne vertat	pour qu'il ne tourne pas
in contumeliam suam	à un outrage sien (personnel)
ea quæ egerit	les choses qu'il (Pompée) a faites
causa reipublicæ ;	dans l'intérêt de la république ;
se habuisse semper	lui (Pompée) avoir eu toujours
commoda reipublicæ potiora	les intérêts de la république *pour* préférables
necessitatibus privatis ;	à *ses* liaisons privées :
Cæsarem quoque debere	César aussi devoir
pro sua dignitate	pour sa dignité
dimittere reipublicæ	sacrifier à la république
et studium	et *sa* passion
et suam iracundiam,	et son ressentiment,
neque irasci	et ne pas s'irriter
inimicis	contre *ses* ennemis
adeo graviter,	si violemment,
ne noceat reipublicæ,	de-peur-qu'il ne nuise à la république,

irasci inimicis, ne, quum illis nocere se speret, reipublicæ noceat. Pauca ejusdem generis addit, cum excusatione Pompeii conjuncta. Eadem fere atque eisdem rebus prætor Roscius agit cum Cæsare sibique Pompeium commemorasse demonstrat.

IX. Quæ res etsi nihil ad levandas injurias pertinere videbantur, tamen, idoneos nactus homines, per quos ea, quæ vellet, ad eum perferrentur, petit ab utroque, quoniam Pompeii mandata ad se detulerint, ne graventur sua quoque ad eum postulata deferre ; si parvo labore magnas controversias tollere atque omnem Italiam metu liberare possint : sib semper reipublicæ primam fuisse dignitatem, vitaque potiorem ; doluisse se, quod populi Romani beneficium sibi per contumeliam ab inimicis extorqueretur, ereptoque semestri imperio, in urbem retraheretur, cujus absentis rationem ha-

nuire à l'État en voulant nuire à ses ennemis. » Il ajouta quelques phrases semblables, liées à la justification de Pompée. Le préteur Roscius parla dans le même sens et presque dans les mêmes termes, se disant aussi chargé par Pompée de parler ainsi.

IX. Quoique César ne vît là rien qui tendît au redressement de ses griefs, cependant, trouvant des hommes propres à transmettre ses intentions, il les pria tous deux, « puisqu'ils avaient été près de lui les interprètes de Pompée, de vouloir bien aussi lui reporter ses demandes : peut-être sans beaucoup de peine lèveraient-ils de grandes difficultés et délivreraient-ils l'Italie de ses craintes. Il avait toujours préféré à tout la grandeur de la république, elle lui était plus chère que la vie : il s'était avec douleur vu arracher outrageusement par ses ennemis les bienfaits du peuple romain, enlever six mois de commandement, et ordonner de revenir à Rome, quoique le peuple eût

quum speret	tandis qu'il espère
se nocere illis.	lui nuire à eux.
Addit pauca	Il ajoute peu-de *mots*
ejusdem generis,	du même genre,
conjuncta	joints
cum excusatione	avec (à) la justification
Pompeii.	de Pompée.
Prætor Roscius	Le préteur Roscius
agit fere eadem	traite presque les mêmes *questions*
atque iisdem rebus	et avec les mêmes arguments
cum Cæsare	avec César
demonstratque Pompeium	et déclare Pompée
commemorasse sibi.	avoir dit *cela* à lui.
IX. Etsi quæ res	IX. Bien que ces choses
videbantur	parussent
pertinere nihil	ne tendre en rien
ad levandas injurias,	à alléger *ses* injures,
tamen, nactus	cependant, ayant trouvé
homines idoneos,	des hommes propres,
per quos ea quæ vellet	par qui les choses qu'il voulait
perferrentur ad eum,	fussent transmises à lui (à Pompée),
petit ab utroque,	il demande à l'un-et-à-l'autre,
quoniam detulerint ad se	puisqu'ils ont apporté à lui
mandata Pompeii,	les commissions de Pompée,
ne graventur	qu'ils ne souffrent-pas-avec-peine
deferre quoque ad eum	de porter aussi à lui
sua postulata;	ses *propres* demandes;
si possint parvo labore	s'ils peuvent par une petite peine
tollere	lever
magnas controversias	de grandes controverses
atque liberare metu	et délivrer de crainte
omnem Italiam :	toute l'Italie :
sibi semper	*disant* à lui toujours
dignitatem reipublicæ	la dignité de la république
fuisse primam,	avoir été la première *de toutes choses*,
potioremque vita;	et préférable à la vie;
se doluisse,	lui avoir gémi
quod beneficium	que le bienfait
populi Romani	du peuple romain
extorqueretur sibi	fût arraché à lui
ab inimicis	par *ses* ennemis
per contumeliam,	par outrage,
imperioque	et *de ce que*, un commandement
semestri	de-six-mois
erepto,	*lui* ayant été enlevé,
retraheretur	il fût ramené-de-force
in urbem,	dans la ville,

beri proximis comitiis populus jussisset ; tamen hanc jacturam honoris sui reipublicæ causa æquo animo tulisse : quum litteras ad senatum miserit, ut omnes ab exercitibus discederent, ne id quidem impetravisse : tota Italia dilectus haberi, retineri legiones duas, quæ ab se simulatione Parthici belli sint abductæ ; civitatem esse in armis. Quonam hæc omnia, nisi ad suam perniciem, pertinere ? Sed tamen ad omnia se descendere paratum atque omnia pati reipublicæ causa. Proficiscatur Pompeius in suas provincias ; ipsi exercitus dimittant ; discedant in Italia omnes ab armis ; metus e civitate tollatur ; libera comitia atque omnis respublica senatui populoque Romano permittatur. Hæc quo facilius certisque conditionibus fiant et jurejurando sanciantur ; aut ipse propius

voulu qu'on eût égard à lui dans les prochains comices, malgré son absence ; cependant, à cause de la république, il avait souffert patiemment cette atteinte à ses droits. Quand il avait écrit au sénat pour que tous les généraux licenciassent leurs armées, il n'avait pu même l'obtenir. On faisait des levées dans toute l'Italie ; on retenait deux légions qu'on lui avait soustraites, sous le prétexte de la guerre des Parthes ; tout l'État était en armes : où tout cela tendait-il, sinon à sa ruine ? Il était prêt cependant à se plier à tout, à tout souffrir pour la république. Que Pompée parte pour ses gouvernements, qu'ils licencient leurs troupes l'un et l'autre, que tout désarme en Italie, que Rome soit délivrée de ses craintes, que les comices soient libres, et que toute l'autorité retourne au sénat et au peuple romain. Pour que tout cela se fasse plus facilement et plus sûrement, pour qu'un serment sanctionne les conditions posées, il faut ou que Pom-

cujus absentis	lui duquel absent
populus jussisset	le peuple avait ordonné
rationem haberi	compte être tenu
proximis comitiis ;	dans les prochains comices ;
tamen tulisse	cependant *lui* avoir supporté
animo æquo	d'une âme égale
hanc jacturam sui honoris	cette perte de son honneur
causa reipublicæ :	en-vue de la république :
quum miserit litteras	lorsqu'il a écrit des lettres
ad senatum,	au sénat,
ut omnes	pour que tous *les généraux*
discederent	s'éloignassent
ab exercitibus,	de *leurs* armées,
ne impetravisse quidem id :	*lui* n'avoir pas obtenu même cela :
dilectus haberi	des levées être faites
tota Italia,	dans toute l'Italie,
duas legiones retineri,	deux légions être retenues,
quæ abductæ sint	lesquelles ont été soustraites
ab se	à lui
simulatione belli Parthici :	sous prétexte de la guerre des-Parthes :
civitatem esse in armis.	*tout* l'État être en armes.
Quonam omnia hæc	Où-donc toutes ces *mesures*
pertinere,	tendre,
nisi ad suam perniciem?	sinon à sa ruine?
Sed tamen se paratum	Mais pourtant lui *être* prêt
descendere ad omnia	à condescendre à tout
atque pati omnia	et à souffrir tout
causa reipublicæ.	en-vue de la république.
Pompeius proficiscatur	Que Pompée parte
in suas provincias ;	pour ses provinces ;
ipsi	qu'eux-mêmes (César et Pompée)
dimittant exercitus ;	congédient *leurs* armées ;
omnes	que tous *les citoyens*
in Italia	en Italie
discedant ab armis :	s'éloignent des armes (désarment) ;
metus tollatur	que la crainte soit ôtée
ex civitate ;	de l'État ;
comitia libera	que les comices *soient* libres
atque omnis respublica	et que toute la république
permittatur senatui	soit remise au sénat
populoque Romano.	et au peuple romain.
Quo hæc fiant	Afin que ces *choses* se fassent
facilius	plus facilement
conditionibusque certis	et à des conditions certaines
et sanciantur	et qu'elles soient sanctionnées
jurejurando,	par serment,
aut ipse	*il faut* ou que lui-même (Pompée)

accedat, aut se patiatur accedere : fore, uti per colloquia omnes controversiæ componantur.

X. Acceptis mandatis, Roscius cum L. Cæsare Capuam pervenit, ibique consules Pompeiumque invenit. Postulata Cæsaris renunciat. Illi deliberata re respondent scriptaque ad eum mandata per eos remittunt, quorum hæc erat summa : Cæsar in Galliam reverteretur, Arimino excederet, exercitus dimitteret : quæ si fecisset, Pompeium in Hispanias iturum. Interea, quoad fides esset data, Cæsarem facturum, quæ polliceretur, non intermissuros consules Pompeiumque dilectus.

XI. Erat iniqua conditio, postulare, ut Cæsar Arimino excederet atque in provinciam reverteretur; ipsum et provincias et legiones alienas tenere : exercitum Cæsaris velle dimitti;

pée s'approche, ou qu'il laisse César se rapprocher de lui : une conférence peut mettre tout d'accord. »

X. Roscius et L. César, chargés de ces propositions, arrivent à Capoue : ils y trouvent les consuls avec Pompée et leur en rendent compte. On délibère, et ils reviennent avec une réponse écrite et portant en somme : « Que César sortît d'Ariminum, rentrât dans la Gaule et licenciât son armée; cela fait, Pompée irait en Espagne : mais les consuls et lui n'interrompraient pas les levées, avant d'être assurés que César tiendrait ses promesses. »

XI. Il était injuste de demander que César sortît d'Ariminum et retournât dans la Gaule, lorsque Pompée disposait des provinces et des légions d'autrui : de vouloir que César licenciât son armée, quand

accedat propius,	s'approche plus près,
aut patiatur	ou qu'il souffre
se accedere :	lui (César) s'approcher :
fore,	cela devoir arriver,
uti omnes controversiæ	que toutes les controverses
componantur	soient arrangées
per colloquia.	par des conférences.
X. Mandatis acceptis,	X. Ces instructions reçues,
Roscius pervenit Capuam	Roscius arrive à Capoue
cum L. Cæsare,	avec L. César,
ibique invenit	et là il trouve
consules Pompeiumque.	les consuls et Pompée.
Renunciat	Il leur annonce
postulata Cæsaris.	les demandes de César.
Illi,	Ceux-ci,
re deliberata,	la chose ayant été examinée,
respondent	répondent
remittuntque ad eum	et renvoient à lui (César)
per eos	par ces députés
mandata scripta,	des ordres écrits,
quorum summa erat hæc :	desquels le résumé était celui-ci :
Cæsar reverteretur	que César retournât
in Galliam,	en Gaule,
excederet Arimino,	qu'il sortît d'Ariminum,
dimitteret exercitus :	qu'il congédiât ses armées :
si fecisset quæ,	s'il avait fait ces choses,
Pompeium iturum	Pompée devoir aller
in Hispaniam.	en Espagne,
Interea,	En-attendant,
quoad fides data esset,	jusqu'à-ce-que garantie eût été donnée
Cæsarem facturum	César devoir faire
quæ polliceretur,	les choses qu'il promettait,
consules Pompeiumque	les consuls et Pompée
non intermissuros dilectus.	ne pas devoir interrompre les levées.
XI. Conditio	XI. La condition
erat iniqua,	était injuste,
postulare ut Cæsar	de demander que César
excederet Arimino	sortît d'Ariminum
atque reverteretur	et retournât
in provinciam;	dans sa province;
ipsum	lui-même (Pompée)
tenere	tenir (garder)
et provincias et legiones	et des provinces et des légions
alienas :	d'-autrui :
velle	vouloir
exercitum Cæsaris	l'armée de César
dimitti;	être congédiée ;

dilectus habere : polliceri, se in provinciam iturum; neque, ante quem diem iturus sit, definire : ut, si peracto Cæsaris consulatu Pompeius profectus non esset, nulla tamen mendacii religione obstrictus videretur : tempus vero colloquio non dare, neque accessurum polliceri, magnam pacis desperationem afferebat. Itaque ab Arimino M. Antonium cum cohortibus quinque Arretium mittit : ipse Arimini cum duabus subsistit ibique dilectum habere instituit : Pisaurum, Fanum, Anconam singulis cohortibus occupat.

XII. Interea certior factus, Iguvium Thermum prætorem cohortibus quinque tenere, oppidum munire, omniumque esse Iguvinorum optimam erga se voluntatem, Curionem cum tribus cohortibus, quas Pisauri et Arimini habebat, mittit. Cujus adventu cognito, diffisus municipii voluntate Thermus, co-

on faisait des levées : de promettre d'aller dans son gouvernement, sans fixer le jour du départ; en sorte que, si Pompée était encore en Italie à la fin du consulat de César, on ne pourrait dire cependant qu'il eût faussé son serment. Et puis, ne point indiquer d'époque pour une conférence, ne point promettre de s'approcher, c'était donner bien peu d'espoir d'accommodement. César envoie donc M. Antonius à Arrétium avec cinq cohortes, reste dans Ariminum avec deux autres et commence à y faire des levées. Il fait occuper les villes de Pisaurum, de Fanum et d'Ancône, chacune par une cohorte.

XII. Instruit cependant que tous les habitants d'Iguvium étaient on ne peut mieux disposés pour lui, mais que le préteur Thermus était dans la ville avec cinq cohortes et qu'il s'y fortifiait, il y envoie Curion avec trois cohortes tirées de Pisaurum et d'Ariminum. A la nouvelle de leur approche, Thermus, se méfiant des intentions des

habere dilectus;	avoir (faire) des levées;
polliceri se iturum	promettre soi devoir aller
in provinciam;	dans sa province;
neque definire	et ne pas déterminer
ante quem diem iturus sit :	avant quel jour il ira :
ut si,	de-sorte-que si,
consulatu Cæsaris	le consulat de César
peracto,	étant terminé,
Pompeius	Pompée
non profectus esset	n'était pas parti,
tamen videretur obstrictus	cependant il ne semblerait lié
nulla religione	par aucun scrupule
mendacii :	de mensonge :
non vero dare tempus	d'autre-part ne pas donner de temps
colloquio,	pour une conférence,
neque polliceri	et ne pas promettre
accessurum,	lui devoir s'approcher,
afferebat	apportait (causait)
magnam desperationem	un grand désespoir
pacis.	de paix.
Itaque mittit	C'est pourquoi il (César) envoie
ab Arimino Arretium	d'Ariminum à Arrétium
M. Antonium	M. Antonius
cum quinque cohortibus :	avec cinq cohortes :
ipse subsistit	lui-même s'arrête
Arimini	à Ariminum
cum duabus	avec deux cohortes
ibique instituit	et là commence
habere dilectum :	à avoir (faire) une levée :
occupat Pisaurum,	il occupe Pisaurum,
Fanum, Anconam,	Fanum, Ancône,
cohortibus singulis.	par des cohortes isolées.
XII. Interea	XII. Cependant
factus certior	devenu plus assuré (instruit)
prætorem Thermum	le préteur Thermus
tenere Iguvium	tenir Iguvium
quinque cohortibus,	avec cinq cohortes,
munire oppidum,	fortifier la ville,
voluntatemque	et la volonté (les dispositions)
omnium Iguvinorum	de tous les habitants-d'Iguvium
esse optimam erga se,	être excellente envers lui (César),
mittit Curionem	il envoie Curion
cum tribus cohortibus,	avec trois cohortes,
quas habebat	lesquelles il avait
Pisauri et Arimini.	à Pisaurum et à Ariminum.
Cujus adventu cognito,	Duquel l'arrivée étant connue,
Thermus diffisus	Thermus s'étant défié

hortes ex urbe educit et profugit: milites in itinere ab eo discedunt ac domum revertuntur. Curio omnium summa voluntate Iguvium recipit. Quibus rebus cognitis, confisus municipiorum voluntatibus Cæsar, cohortes legionis XIII ex præsidiis deducit Auximumque proficiscitur: quod oppidum Attius cohortibus introductis tenebat, dilectumque toto Piceno circummissis senatoribus habebat.

XIII. Adventu Cæsaris cognito, decuriones Auximi ad Attium Varum frequentes conveniunt : docent, sui judicii rem non esse; neque se, neque reliquos municipes pati posse C. Cæsarem, imperatorem bene de republica meritum, tantis rebus gestis, oppido mœnibusque prohiberi : proinde habeat rationem posteritatis et periculi sui. Quorum oratione per-

habitants, en sort avec ses troupes et s'enfuit; ses soldats le quittent en chemin et retournent chez eux. Curion entre dans Iguvium à la satisfaction générale. Comptant d'après cela sur l'attachement des villes municipales, César tire de ses garnisons la treizième légion, et part pour Auximum, où s'était établi Attius avec quelques cohortes, et d'où il envoyait des sénateurs faire des levées dans tout le Picénum.

XIII. Informés de l'approche de César, les décurions vont en foule trouver Attius Varus et lui déclarent, « Qu'ils ne sont pas d'avis et que ni eux ni leurs concitoyens ne souffriront, qu'après de si grands exploits, C. César, un général ayant si bien mérité de la république, se voie fermer les portes de leur ville : qu'Attius songe donc à sa renommée et à sa sûreté. » Frappé de ce discours, Attius s'enfuit avec la

voluntate	de la volonté (des dispositions)
municipii,	du municipe,
educit cohortes	fait-sortir *ses* cohortes
ex urbe	de la ville
et profugit :	et s'enfuit :
milites in itinere	les soldats en route
discedunt ab eo	se séparent de lui
ac revertuntur domum.	et retournent à la maison (chez eux).
Curio recipit Iguvium	Curion reprend Iguvium
summa voluntate	au très-grand vouloir (consentement)
omnium.	de tous.
Quibus rebus cognitis,	Lesquelles choses étant connues,
Cæsar confisus	César s'étant confié
voluntatibus	aux bonnes-dispositions
municipiorum,	des municipes,
deducit ex præsidiis	tire de *leurs* garnisons
cohortes	les cohortes
tertiæ decimæ legionis	de la treizième légion
proficisciturque Auximum :	et part pour Auximum :
quod oppidum	laquelle place
Attius tenebat	Attius tenait (occupait)
cohortibus introductis,	avec des cohortes introduites *dedans*,
habebatque dilectum	et *d'où* il avait (faisait) une levée
toto Piceno	dans tout le Picénum
senatoribus	des sénateurs
circummissis.	étant envoyés-à-la-ronde.
XIII. Adventu Cæsaris	XIII. L'arrivée de César
cognito,	étant connue,
decuriones Auximi	les décurions d'Auximum
conveniunt frequentes	se rendent nombreux
ad Attium Varum :	vers Attius Varus :
docent	ils *lui* apprennent
rem non esse	la chose n'être pas
sui judicii ;	de leur goût ;
neque se,	ni eux,
neque reliquos municipes	ni le reste-des habitants-du-municipe
posse pati	ne pouvoir souffrir
C. Cæsarem,	C. César,
imperatorem bene meritum	un général ayant bien mérité
de republica	de la république
tantis rebus gestis,	par de si-grandes choses faites,
prohiberi oppido	être écarté de la ville
mœnibusque :	et des remparts :
proinde habeat rationem	donc qu'il tienne compte
posteritatis	de la postérité
et sui periculi.	et de son propre péril.
Oratione quorum	Par le discours desquels

motus Varus præsidium, quod introduxerat, ex oppido educit ac profugit. Hunc ex primo ordine pauci Cæsaris consecuti milites consistere cogunt : commisso prœlio, deseritur a suis Varus; nonnulla pars militum domum discedit; reliqui ad Cæsarem perveniunt : atque una cum iis deprehensus L. Pupius, primi pili centurio, adducitur, qui hunc eumdem ordinem in exercitu Cn. Pompeii antea duxerat. At Cæsar milites Attianos collaudat, Pupium dimittit, Auximatibus agit gratias, seque eorum facti memorem fore pollicetur.

XIV. Quibus rebus Romam nunciatis, tantus repente terror invasit, ut, quum Lentulus consul ad aperiendum ærarium venisset, ad pecuniam Pompeio ex senatusconsulto proferendam, protinus, aperto sanctiore ærario, ex urbe profugeret; Cæsar enim adventare, jamjamque et adesse ejus equites falso

garnison. Quelques soldats de l'avant-garde de César l'atteignent et le forcent de s'arrêter : on en vient aux mains; Attius est abandonné des siens. Plusieurs retournent chez eux, le reste se joint à César : l'on prend et l'on amène avec eux le primipile L. Pupius, qui avait eu le même grade sous Pompée. César donne des éloges aux soldats d'Attius, renvoie Pupius, remercie les Auximates, et leur promet de ne pas oublier ce service.

XIV. Ces nouvelles parvenues à Rome y jetèrent soudain une terreur si grande, que le consul Lentulus, y étant venu pour tirer du trésor l'argent accordé à Pompée par un sénatus-consulte, s'enfuit dès qu'on eut ouvert la caisse secrète : car on annonçait faussement l'approche de César : sa cavalerie, disait-on, avait déjà paru. Len-

Varus permotus	Varus touché-vivement
educit ex oppido	fait-sortir de la place
præsidium	la garnison
quod introduxerat,	qu'il y avait introduite,
ac profugit.	et s'enfuit.
Pauci milites Cæsaris	Peu-de soldats de César
ex primo ordine	de la première compagnie
consecuti hunc	ayant atteint celui-ci
cogunt consistere :	le forcent de s'arrêter :
prœlio commisso,	un combat ayant été engagé,
Varus deseritur	Varus est abandonné
a suis,	par les siens,
nonnulla pars militum	quelque partie des soldats
discedit domum ;	se retire à la maison (chez eux) ;
reliqui perveniunt	les autres parviennent
ad Cæsarem ;	vers César ;
atque L. Pupius,	et L. Pupius,
centurio primi pili,	centurion de la première compagnie,
deprehensus una cum iis,	pris ensemble avec eux,
adducitur,	est amené,
qui duxerat antea	lequel avait conduit auparavant
hunc eumdem ordinem	cette même compagnie
in exercitu Pompeii.	dans l'armée de Pompée.
At Cæsar collaudat	Mais César loue
milites Attianos,	les soldats d'-Attius,
dimittit Pupium,	congédie Pupius,
agit gratias	rend grâces
Auximatibus,	aux habitants-d'Auximum,
polliceturque	et promet
se fore memorem	lui devoir être reconnaissant
facti eorum.	de l'action d'eux.
XIV. Quibus rebus	XIV. Lesquelles choses
nunciatis Romam,	étant annoncées à Rome,
tantus terror	une si-grande terreur
invasit repente,	l'envahit tout-à-coup,
ut, quum consul Lentulus	que, lorsque le consul Lentulus
venisset	fut venu
ad aperiendum ærarium,	pour ouvrir le trésor-public,
ad proferendam pecuniam	pour en tirer l'argent
Pompeio	destiné à Pompée
ex senatusconsulto,	par un sénatus-consulte,
ærario sanctiore	le trésor plus saint (la caisse secrète)
aperto,	ayant été ouvert,
profugeret protinus ex urbe ;	il s'enfuit aussitôt de la ville ;
Cæsar enim	car César
adventare,	était annoncé faussement s'approcher,
jamjamque et equites ejus	et déjà même les cavaliers de lui

nunciabantur. Hunc Marcellus collega et plerique magistratus consecuti sunt. Cn. Pompeius, pridie ejus diei ex urbe profectus, iter ad legiones habebat, quas a Cæsare acceptas in Apulia hibernorum causa disposuerat. Dilectus intra urbem intermittuntur : nihil citra Capuam tutum esse omnibus videtur. Capuæ primum sese confirmant et colligunt, dilectumque colonorum, qui lege Julia Capuam deducti erant, habere instituunt; gladiatoresque, quos ibi Cæsar in ludo habebat, in forum productos Lentulus libertati confirmat atque iis equos attribuit et se sequi jussit : quos postea, monitus ab suis, quod ea res omnium judicio reprehendebatur, circum familias conventus Campani custodiæ causa distribuit.

XV. Auximo Cæsar progressus, omnem agrum Picenum percurrit. Cunctæ earum regionum præfecturæ libentissimis animis eum recipiunt, exercitumque ejus omnibus rebus ju-

tulus fut suivi par son collègue Marcellus et la plupart des magistrats. Pompée était parti la veille, pour rejoindre les légions données par César et qui avaient leurs quartiers d'hiver dans l'Apulie. Les levées cessent dans la ville : on ne voit nulle sûreté en deçà de Capoue ; ce n'est que dans Capoue que l'on se rassure et que l'on se reconnaît. On fait des levées parmi les colons qu'y avait fait établir la loi Julia : Lentulus, assemblant dans le forum les gladiateurs que César faisait instruire dans cette ville, leur donne la liberté, leur distribue des chevaux et leur commande de le suivre. Mais ses amis l'ayant averti que l'on blâmait généralement cette mesure, il les répartit, comme garnisons, dans les terres des citoyens de Capoue.

XV. César partit d'Auximum et parcourut le Picénum entier. Toutes les préfectures lui firent le meilleur accueil et fournirent toute

nuntiabantur falso adesse.	étaient annoncés faussement être-là.
Collega Marcellus	Son collègue Marcellus
et plerique magistratus	et la plupart des magistrats
consecuti sunt hunc.	suivirent celui-ci (Lentulus).
Cn. Pompeius,	Cn. Pompée,
profectus ex urbe	parti de la ville
pridie ejus diei,	la-veille de ce jour,
habebat iter	avait (faisait) route
ad legiones,	vers les légions,
quas acceptas a Cæsare	lesquelles reçues de César
disposuerat in Apulia	il avait distribuées en Apulie
causa hibernorum.	en-vue de *leurs* quartiers-d'hiver.
Dilectus intermittuntur	Les levées sont interrompues
intra urbem :	au-dedans-de la ville :
nihil videtur omnibus	rien ne semble à tous
esse tutum citra Capuam.	être sûr en-deçà-de Capoue.
Capuæ primum	A Capoue d'abord (seulement)
sese confirmant	ils se rassurent
et colligunt,	et *se* rallient,
instituuntque	et ils commencent
habere dilectum colonorum,	à faire une levée des colons,
qui deducti erant Capuam	qui avaient été conduits à Capoue
lege Julia ;	par *suite de* la loi Julia ;
Lentulusque	et Lentulus
confirmat libertati	assure à la liberté (affranchit)
gladiatores, quos Cæsar	les gladiateurs que César
habebat ibi in ludo,	avait là dans une école,
productos	amenés (après les avoir amenés)
in forum,	dans le forum,
atque attribuit iis equos	et il distribua à eux des chevaux
et jussit sequi se :	et *leur* ordonna de suivre lui :
quos postea,	lesquels ensuite,
monitus ab suis,	averti par les siens,
quod ea res reprehendebatur	que cette chose était blâmée
judicio omnium,	par le jugement de tous,
distribuit causa custodiæ	il répartit en-vue de garde
circum familias	autour des familles
conventus Campani.	de la société *romaine* de-Campanie.
XV. Cæsar	XV. César
progressus Auximo,	étant sorti d'Auximum,
percurrit omnem agrum	parcourut tout le territoire
Picenum.	du Picénum.
Cunctæ præfecturæ	Toutes les préfectures
earum regionum	de ces contrées
recipiunt eum	reçoivent lui
animis	avec les dispositions-d'esprit
libentissimis,	les plus favorables,

vant. Etiam Cingulo, quod oppidum Labienus constituerat, suaque pecunia exaedificaverat, ad eum legati veniunt, quaeque imperaverit, se cupidissime facturos pollicentur. Milites imperat : mittunt. Interea legio XII Caesarem consequitur. Cum his duabus Asculum Picenum proficiscitur. Id oppidum Lentulus Spinther decem cohortibus tenebat : qui, Caesaris adventu cognito, profugit ex oppido, cohortesque secum abducere conatus, a magna parte militum deseritur. Relictus in itinere cum paucis, incidit in Vibullium Rufum, missum a Pompeio in agrum Picenum, confirmandorum hominum causa : a quo factus Vibullius certior, quae res in Piceno gererentur, milites ab eo accipit, ipsum dimittit. Item ex finitimis regionibus, quas potest, contrahit cohortes ex dilectibus Pompeia-

espèce de secours à son armée. Cingulum même, ville fondée par Labiénus et bâtie de ses deniers, offrit, par ses députés, de faire tout ce qu'ordonnerait César. Il demande des hommes; on lui en envoie. Cependant la douzième légion l'ayant joint, il marche avec deux autres sur Asculum, que Lentulus Spinther occupait avec dix cohortes : celui-ci, informé de l'approche de César, s'enfuit, essayant d'emmener avec lui ses troupes, dont une grande partie l'abandonna. Il lui restait fort peu de monde, lorsqu'il rencontra Vibullius Rufus, envoyé par Pompée dans le Picénum pour rassurer les esprits. Spinther lui apprend ce qui se passe, lui remet les débris de sa troupe et le quitte. Vibullius tire tout ce qu'il peut de cohortes des contrées voisines, où Pompée avait fait des levées ; il en recueille six avec les-

juvantque exercitum ejus	et aident l'armée de lui
omnibus rebus.	de toutes choses.
Etiam Cingulo,	Même de Cingulum,
quod oppidum Labienus	laquelle ville Labiénus
constituerat,	avait fondée,
exædificaveratque	et avait bâtie
sua pecunia,	de son argent,
legati veniunt ad eum,	des députés viennent vers lui,
pollicenturque	et promettent
se facturos	eux devoir faire
cupidissime	avec-le-plus-d'empressement
quæ imperaverit.	les *choses* qu'il aura commandées.
Imperat milites :	Il commande des soldats :
mittunt.	ils *lui en* envoient.
Interea duodecima legio	Cependant la douzième légion
consequitur Cæsarem.	atteint César.
Cum his duabus	Avec ces deux *légions*
proficiscitur	il part
Asculum Picenum.	pour Asculum du-Picénum.
Lentulus Spinther	Lentulus Spinther
tenebat id oppidum	tenait cette place
decem cohortibus :	avec dix cohortes :
qui, adventu Cæsaris	celui-ci, l'arrivée de César
cognito,	étant connue,
profugit ex oppido,	s'enfuit de la ville,
conatusque	et ayant essayé
abducere secum cohortes,	d'emmener avec-lui les cohortes,
deseritur	il est abandonné
a magna parte militum.	par une grande partie des soldats.
Relictus in itinere	Laissé en route
cum paucis,	avec peu-*d'entre eux*,
incidit in Vibullium Rufum,	il tombe sur (rencontre) Vibullius Rufus,
missum a Pompeio	envoyé par Pompée
in agrum Picenum,	dans le territoire du-Picénum,
causa	en-vue
confirmandorum hominum :	de rassurer les gens :
a quo Vibullius	par lequel (Spinther) Vibullius
factus certior,	devenu plus assuré (instruit)
quæ res gererentur	quelles choses se passaient
in Piceno,	dans le Picénum,
accipit ab eo milites,	reçoit de lui *ses* soldats,
dimittit ipsum.	le laisse-aller lui-même.
Item ex regionibus finitimis	De-même des pays limitrophes
contrahit cohortes	il rassemble *toutes* les cohortes
quas potest	qu'il peut *rassembler*
ex dilectibus Pompeianis :	*tirées* des levées de-Pompée :
in iis excipit	parmi elles il recueille

nis : in iis Camerino fugientem Luceium Hirrum, cum sex cohortibus, quas ibi in præsidio habuerat, excipit : quibus coactis XIII efficit. Cum iis ad Domitium Ahenobarbum Corfinium magnis itineribus pervenit, Cæsaremque adesse cum legionibus duabus nunciat. Domitius per se circiter XX cohortes Alba, ex Marsis et Pelignis et finitimis ab regionibus coegerat.

XVI. Recepto Asculo expulsoque Lentulo, Cæsar conquiri milites, qui ab eo discesserant, dilectumque institui jubet : ipse, unum diem ibi rei frumentariæ causa moratus, Corfinium contendit. Eo quum venisset, cohortes quinque, præmissæ a Domitio ex oppido, pontem fluminis interrumpebant, qui erat ab oppido millia passuum circiter III. Ibi cum antecursoribus Cæsaris prœlio commisso, celeriter Domitiani, a ponte repulsi, se in oppidum receperunt. Cæsar, legionibus

quelles Lucéius Hirrus s'enfuyait de Camérinum ; et, se voyant à la tête de treize, il force sa marche pour se joindre dans Corfinium à Domitius Ahénobarbus, auquel il annonce que César s'avance avec deux légions. Domitius avait lui-même rassemblé environ vingt cohortes dans Albe, chez les Péligniens, chez les Marses et dans les cantons voisins.

XVI. Entré dans Asculum, d'où il avait chassé Lentulus, César fait chercher les soldats qui avaient abandonné ce chef et commande une levée. Il s'arrête un jour pour assurer ses vivres, et marche sur Corfinium. En approchant, on rencontra cinq cohortes détachées par Domitius, qui coupaient un pont à trois milles environ de la ville. Attaquées par les coureurs de César, elles furent bientôt chas-

Luceium Hirrum	Lucéius Hirrus
fugientem Camerino,	qui-fuyait de Camérinum,
cum sex cohortibus,	avec six cohortes
quas habuerat ibi	qu'il avait eues là
in præsidio :	en garnison :
quibus coactis	lesquelles étant réunies *aux autres*
efficit tredecim.	il *en* fait *en tout* treize.
Cum iis pervenit	Avec elles il parvient
magnis itineribus	à grandes marches
ad Domitium Ahenobarbum,	vers Domitius Ahénobarbus,
nunciatque	et *lui* annonce
Cæsarem adesse	César approcher
cum duabus legionibus.	avec deux légions.
Domitius per se	Domitius par lui-même
coegerat	avait rassemblé
viginti cohortes circiter	vingt cohortes environ
Alba,	d'Albe,
ex Marsis et Pelignis	de chez les Marses et les Péligniens
et ab regionibus finitimis.	et des contrées limitrophes.
XVI. Asculo recepto	XVI. Asculum repris
Lentuloque expulso,	et Lentulus chassé,
Cæsar jubet	César ordonne
milites conquiri,	les soldats être cherchés,
qui discesserant	lesquels s'étaient séparés
ab eo,	de lui,
dilectumque	et une levée
institui :	être commencée :
ipse,	lui-même,
moratus ibi	ayant séjourné là
unum diem	un-seul jour
causa rei frumentariæ,	en-vue de provision de-blé,
contendit Corfinium.	se dirige vers Corfinium.
Quum venisset eo,	Lorsqu'il fut venu là,
quinque cohortes,	cinq cohortes,
præmissæ ex oppido	envoyées-en-avant de la ville
a Domitio,	par Domitius,
interrumpebant pontem	coupaient un pont
fluminis,	du fleuve (jeté sur le fleuve),
qui erat ab oppido	lequel *pont* était-distant de la ville
tria millia passuum circiter.	de trois milliers de pas environ.
Ibi prœlio commisso	Là un combat ayant été engagé
cum antecursoribus Cæsaris,	avec les éclaireurs de César,
Domitiani,	les *soldats* de-Domitius,
repulsi a ponte,	repoussés du pont,
se receperunt celeriter	se replièrent rapidement
in oppidum.	dans la ville.
Cæsar,	César,

transductis, ad oppidum constitit juxtaque murum castra posuit.

XVII. Re cognita, Domitius ad Pompeium in Apuliam peritos regionum, magno proposito præmio, cum litteris mittit, qui petant atque orent, ut sibi subveniat: Cæsarem duobus exercitibus et locorum angustiis facile intercludi posse frumentoque prohiberi. Quod nisi fecerit, se, cohortesque amplius XXX, magnumque numerum senatorum atque equitum Romanorum in periculum esse venturum. Interim suos cohortatus, tormenta in muris disponit, certasque cuique partes ad custodiam urbis attribuit: militibus in concione agros ex suis possessionibus pollicetur, quaterna in singulos jugera et pro rata parte centurionibus evocatisque.

XVIII. Interim Cæsari nunciatur, Sulmonenses, quod oppidum a Corfinio VII millium intervallo abest, cupere ea fa-

sées du pont et rentrèrent dans la ville. César fit passer ses légions et vint camper sous les murs de la place.

XVII. A cette nouvelle, Domitius engage par de fortes récompenses des gens bien au fait du pays, à porter des lettres à Pompée, en Apulie. « Il le prie, le conjure de venir à son secours : deux armées peuvent aisément enfermer César dans les défilés et lui couper les vivres. Si Pompée n'accourt, il va se trouver dans un danger réel avec plus de trente cohortes, et avec lui beaucoup de sénateurs et de chevaliers romains. » Cependant il encourage ses troupes, garnit les murs de machines, et fixe à chacun son poste pour la défense de la ville. Dans son discours, il avait promis aux soldats quatre arpents par tête dans ses domaines et la quantité proportionnelle aux centurions et aux vétérans rappelés.

XVIII. Cependant César apprend que Sulmone, ville située à sept milles de Corfinium, désirait se donner à lui et ne le pouvait,

legionibus	ses légions
transductis,	étant conduites-au-delà *du fleuve*,
constitit ad oppidum	s'arrêta près de la place
posuitque castra	et posa *son* camp
juxta murum.	contre le mur *de la ville*.
XVII. Re cognita,	XVII. La chose étant connue,
Domitius mittit	Domitius envoie
ad Pompeium in Apuliam	vers Pompée en Apulie
peritos	des *gens* ayant-l'expérience
regionum,	de *ces* contrées,
magno præmio proposito,	une grande récompense *leur* étant offerte,
cum litteris,	avec des lettres,
qui petant atque orent	lesquels *lui* demandent et *le* prient,
ut subveniat sibi :	qu'il vienne-au-secours à lui :
Cæsarem posse	*disant* César pouvoir
intercludi facile	être bloqué facilement
duobus exercitibus	par deux armées
et angustiis locorum	et *grâce* aux défilés des lieux
probiberique frumento.	et être coupé de blé.
Quod nisi fecerit,	Que s'il ne fait pas *cela*,
se venturum esse	lui (Domitius) devoir venir
in periculum,	en *grand* danger,
ampliusque	et *aussi* plus de
triginta cohortes,	trente cohortes,
magnumque numerum	et un grand nombre
senatorum	de sénateurs
atque	et
equitum Romanorum.	de chevaliers romains.
Interim cohortatus suos,	Cependant ayant exhorté les siens,
disponit tormenta	il dispose des machines
in muris,	sur les murs,
attribuitque cuique	et assigne à chacun
partes certas	un poste fixe
ad custodiam urbis :	pour la garde de la ville :
pollicetur militibus	il promet aux soldats
in concione	dans une assemblée
agros	des terres
ex suis possessionibus,	*faisant partie* de ses possessions,
quaterna jugera singulis	quatre arpents à chacun
et centurionibus	et aux centurions
evocatisque	et aux *soldats* rappelés
pro parte rata.	selon une part déterminée.
XVIII. Interim	XVIII. Cependant
nunciatur Cæsari	on annonce à César
Sulmonenses,	les habitants-de-Sulmone,
quod oppidum abest	laquelle place est-éloignée
a Corfinio	de Corfinium

cero, quæ vellet; sed a Q. Lucretio, senatore, et Attio Peligno prohiberi, qui id oppidum VII cohortium præsidio tenebant. Mittit eo M. Antonium cum legionis octavæ cohortibus quinque. Sulmonenses, simul atque nostra signa viderunt, portas aperuerunt, universique et oppidani et milites obviam gratulantes Antonio exierunt : Lucretius et Attius de muro se dejecerunt. Attius, ad Antonium deductus, petit, ut ad Cæsarem mitteretur. Antonius cum cohortibus et Attio eodem die, quo profectus erat, revertitur. Cæsar eas cohortes cum exercitu suo conjunxit, Attiumque incolumem dimisit. Cæsar tribus primis diebus castra magnis operibus munire et ex finitimis municipiis frumentum comportare reliquasque copias exspectare instituit. Eo triduo legio VIII ad eum venit, cohortesque ex novis Galliæ dilectibus XXII, equitesque ab

parce que le sénateur Q. Lucrétius et Attius Pélignus s'y trouvaient avec sept cohortes de garnison. César y envoie M. Antonius avec cinq cohortes de la huitième légion. Les Sulmoniens, dès qu'ils découvrent nos enseignes, ouvrent leurs portes : habitants et soldats, tous sortent au-devant d'Antoine, en témoignant leur joie. Attius et Lucrétius se précipitent des murs. Attius, amené devant Antoine, demande d'être conduit à César. Antoine revient le même jour avec Attius et ses cohortes. César incorpore ces troupes dans son armée et renvoie Attius sain et sauf. César, en attendant le reste de ses forces, employa trois jours à bien fortifier son camp et à faire venir du blé des villes voisines. Le troisième, il vit arriver la huitième légion, vingt-deux cohortes nouvellement levées dans la Gaule, et trois cents cavaliers environ,

intervallo septem millium,	d'une distance de sept milles,
cupere facere ea quæ vellet;	désirer faire *les choses* qu'il voudrait ;
sed prohiberi	mais *en* être empêchés
a senatore Q. Lucretio	par le sénateur Q. Lucrétius
et Attio Peligno,	et Attius Pélignus,
qui tenebant id oppidum	lesquels tenaient cette place
præsidio septem cohortium.	par une garnison de sept cohortes.
Mittit eo M. Antonium	Il envoie là M. Antonius
cum quinque cohortibus	avec cinq cohortes
octavæ legionis.	de la huitième légion.
Sulmonenses,	Les habitants-de-Sulmone,
simul atque viderunt	en-même-temps qu'ils virent
nostra signa,	nos enseignes,
aperuerunt portas,	ouvrirent les portes *de la ville*,
universique	et tous
et oppidani et milites	et habitants et soldats
exierunt obviam Antonio	sortirent au-devant d'Antonius
gratulantes :	en *le* félicitant :
Lucretius et Attius	Lucrétius et Attius
se dejecerunt de muro.	se précipitèrent *du haut* du mur.
Attius, deductus	Attius, conduit
ad Antonium,	vers Antonius,
petit ut mitteretur	demande qu'il fût envoyé
ad Cæsarem.	vers César.
Antonius revertitur	Antonius s'en retourne
cum cohortibus et Attio	avec les cohortes et *avec* Attius
eodem die,	le même jour
quo profectus erat.	qu'il était parti.
Cæsar conjunxit	César réunit
eas cohortes	ces cohortes-là
cum suo exercitu,	avec son armée,
dimisitque Attium	et renvoya Attius
incolumem.	sain-et-sauf.
Tribus primis diebus	*Pendant* les trois premiers jours
Cæsar instituit	César commença
munire castra	à fortifier *son* camp
magnis operibus	par de grands ouvrages
et comportare frumentum	et à faire-venir du blé
ex municipiis finitimis	des municipes voisins
exspectareque	et à attendre
reliquas copias.	le reste-des troupes.
Eo triduo	*Pendant* ces trois-jours
octava legio	la huitième légion
venit ad eum,	vint vers lui,
vigintique et duæ cohortes	et vingt et deux cohortes
ex novis dilectibus Galliæ,	des nouvelles levées de la Gaule,
trecentique equites circiter	et trois cents cavaliers environ

3

rege Norico circiter CCC. Quorum adventu altera castra ad alteram oppidi partem ponit. His castris Curionem præfecit: reliquis diebus oppidum vallo castellisque circumvenire instituit. Cujus operis maxima parte effecta, eodem fere tempore missi ad Pompeium revertuntur.

XIX. Litteris perlectis, Domitius dissimulans in concilio pronunciat, Pompeium celeriter subsidio venturum; hortaturque eos, ne animo deficiant, quæque usui ad defendendum oppidum sint, parent : ipse arcano cum paucis familiaribus suis colloquitur consiliumque fugæ capere constituit. Quum vultus Domitii cum oratione non consentiret atque omnia trepidantius timidiusque ageret, quam superioribus diebus consuerat, multumque cum suis consiliandi causa secreto præter consuetudinem colloqueretur, concilia conventusque hominum fugeret : res diutius tegi dissimularique non potuit.

envoyés par le roi du Norique. Avec ce renfort, il forma de l'autre côté de la ville un second camp, qu'il mit sous les ordres de Curion. Ensuite il entreprit d'enclore la ville d'un rempart avec des redoutes. La plus grande partie en était achevée, lorsque les exprès de Domitius revinrent.

XIX. Ayant lu ses dépêches, celui-ci dissimule ; il assure dans le conseil que Pompée viendra bientôt à leur secours ; il exhorte à ne point se décourager et à préparer tout ce qu'il faut pour défendre la place. Cependant il confère en secret avec quelques amis, et se détermine à prendre la fuite. Comme son air ne s'accordait pas avec ses discours; que l'on ne voyait plus dans ses actions le calme et l'assurance des jours précédents; que, contre sa coutume, il avait avec ses amis des entretiens fréquents et secrets, sous prétexte d'arrêter des mesures, et qu'il évitait les assemblées et les sociétés; la chose ne put se déguiser ni se cacher plus longtemps.

ab rege Norico.	de-chez le roi du-Norique.
Quorum adventu	A l'arrivée desquels
ponit altera castra	il pose un second camp
ad alteram partem oppidi.	à l'autre partie de la ville.
His castris	A ce camp-là
præfecit Curionem :	il préposa Curion :
diebus reliquis	les jours restants
instituit	il commença
circumvenire oppidum	à enclore la place
vallo castellisque.	d'un retranchement et de redoutes.
Cujus operis	Duquel ouvrage
maxima parte effecta,	la plus grande partie étant achevée,
fere eodem tempore	presque en même temps
missi ad Pompeium	les *gens* envoyés vers Pompée
revertuntur.	reviennent.
XIX. Litteris perlectis,	XIX. Les lettres lues-entièrement,
Domitius dissimulans	Domitius dissimulant
pronunciat in concilio	déclare dans le conseil
Pompeium	Pompée
venturum celeriter	devoir venir promptement
subsidio ;	à *leur* secours ;
hortaturque eos,	et il exhorte eux,
ne deficiant animo,	à-ce-qu'ils ne manquent pas de courage,
parentque	et préparent *les choses*
quæ sint usui	qui sont à utilité
ad defendendum oppidum :	pour défendre la place :
ipse	lui-même
colloquitur arcano	s'entretient secrètement
cum paucis suis familiaribus	avec quelques siens amis
constituitque	et arrête
capere consilium fugæ.	de prendre une résolution de fuite.
Quum vultus Domitii	Comme le visage de Domitius
non consentiret	ne s'accordait pas
cum oratione,	avec *son* discours,
atque ageret omnia	et *qu*'il faisait tout
trepidantius	avec-plus-de-trouble
timidiusque	et avec-plus-de-timidité
quam consuerat	*qu*'il *n*'avait-coutume
diebus superioribus,	les jours précédents,
colloqueretúrque multum	et *qu*'il s'entretenait beaucoup
secreto	secrètement
præter consuetudinem	contre *son* habitude
cum suis	avec les siens
causa conciliandi,	en-vue-de se concerter,
fugeret concilia	*qu*'il fuyait les assemblées
conventusque hominum :	et les réunions des gens :
res non potuit diutius	le fait ne put plus longtemps

Pompeius enim rescripserat, sese rem in summum periculum deducturum non esse, neque suo consilio aut voluntate Domitium se in oppidum Corfinium contulisse: proinde, si qua facultas fuisset, ad se cum omnibus copiis veniret. Id ne fieri posset, obsidione atque oppidi circummunitione fiebat.

XX. Divulgato Domitii consilio, milites, qui erant Corfinii, prima vesperi secessionem faciunt ; atque ita inter se per tribunos militum centurionesque atque honestissimos sui generis colloquuntur : obsideri se a Cæsare; opera munitionesque prope esse perfectas ; ducem suum Domitium, cujus spe atque fiducia permanserint, projectis omnibus, fugæ consilium capere : debere se suæ salutis rationem habere. Ab his primo Marsi dissentire incipiunt, eamque oppidi partem, quæ munitissima videretur, occupant : tantaque inter eos

En effet Pompée avait répondu : « Qu'il ne hasarderait pas une affaire décisive; que ce n'était ni par son avis, ni par ses ordres que Domitius s'était jeté dans Corfinium ; qu'il vînt donc, s'il était possible, le joindre avec toutes ses troupes. » C'est à quoi s'opposaient le siége et la circonvallation.

XX. Le projet de Domitius étant ébruité, les soldats s'assemblent séparément sur le soir; et, communiquant entre eux par leurs tribuns, leurs centurions et les plus distingués de leurs camarades, ils se disent : « Que César les assiége ; que les lignes sont presque achevées ; que Domitius, leur général, sur les assurances et la parole duquel ils s'étaient reposés, abandonne tout pour ne songer qu'à fuir : ils doivent donc, eux aussi, pourvoir à leur sûreté. » Les Marses n'étaient pas d'abord de cet avis; ils s'emparèrent du quartier le mieux fortifié de la ville, et la discussion alla si loin, que

tegi dissimularique.	être caché et (ni) être dissimulé.
Pompeius enim	Car Pompée
rescripserat,	avait récrit (répondu),
sese	lui-même
non deducturum esse rem	ne devoir pas amener la chose
in summum periculum;	à l'extrême péril ;
neque suo consilio	ni par son conseil
aut voluntate	ou (ni) par sa volonté (à lui Pompée)
Domitium se contulisse	Domitius s'être porté
in oppidum Corfinium ;	dans la ville de Corfinium ;
proinde,	donc,
si qua facultas fuisset,	si quelque facilité avait été,
veniret ad se	qu'il (Domitius) vînt vers lui
cum omnibus copiis.	avec toutes ses troupes.
Fiebat obsidione	Il se faisait (il arrivait) par le siége
atque circummunitione	et par la circonvallation
oppidi,	de la place,
ne id posset fieri.	que cela ne pouvait se faire.
XX. Consilio Domitii	XX. Le dessein de Domitius
divulgato,	étant divulgué,
milites,	les soldats,
qui erant Corfinii,	qui étaient à Corfinium,
faciunt secessionem	font une réunion-à-l'écart
prima vesperi ;	à la première heure du soir ;
atque colloquuntur	et ils s'entretiennent
ita inter se	ainsi entre eux [dats
per tribunos militum	par-l'intermédiaire-des tribuns des sol-
centurionesque	et des centurions
atque honestissimos	et des plus honorables
sui generis ;	de leur sorte (de leur rang) :
se obsideri	ils se disent eux être assiégés
a Cæsare;	par César;
opera munitionesque	les ouvrages et les fortifications
esse prope perfectas;	être presque achevés ;
suum ducem Domitium,	leur chef Domitius
spe atque fiducia cujus	par l'espoir et la confiance duquel
permansērint,	ils sont restés avec lui,
omnibus projectis,	maintenant tout étant sacrifié,
capere consilium fugæ :	prendre (former) le dessein de la fuite :
se debere	eux aussi devoir
habere rationem	tenir compte (songer)
suæ salutis.	de (à) leur salut.
Primo Marsi incipiunt	D'abord les Marses commencent
dissentire ab his,	à être-d'un-avis-différent de ceux-ci,
occupantque	et ils s'emparent
eam partem urbis,	de cette partie de la ville,
quæ videretur munitissima :	qui paraissait la plus fortifiée :

dissensio exsistit, ut manum conserere atque armis dimicare conentur : post paulo tamen, internunciis ultro citroque missis, quæ ignorabant, de L. Domitii fuga cognoscunt. Itaque omnes uno consilio Domitium, productum in publicum, circumsistunt et custodiunt, legatosque ex suo numero ad Cæsarem mittunt : sese paratos esse portas aperire, quæque imperaverit, facere, et L. Domitium vivum in ejus potestatem tradere.

XXI. Quibus rebus cognitis, Cæsar, etsi magni interesse arbitrabatur, quam primum oppido potiri, cohortesque ad se in castra transducere, ne qua aut largitionibus, aut animi confirmatione, aut falsis nunciis commutatio fieret voluntatis, quod sæpe in bello parvis momentis magni casus intercederent; tamen veritus, ne militum introitu et nocturni temporis

l'on fut sur le point de courir aux armes et d'en venir aux mains. Bientôt cependant, quand on se fut envoyé des agents de part et d'autre, les Marses apprirent ce qu'ils ignoraient, le projet d'évasion de Domitius. Ainsi, d'un commun accord, ils le forcent de paraître en public, l'entourent, s'assurent de lui, et nomment des députés, qui viennent annoncer à César : « Qu'ils sont prêts à lui ouvrir les portes, à recevoir ses ordres, à lui livrer Domitius vivant. »

XXI. D'après cela, César jugeait très-important d'entrer au plus tôt dans la ville, et d'en faire passer les cohortes dans son camp, de peur que, soit gagnées par de l'argent, soit rassurées par de fausses nouvelles, elles ne vinssent à changer d'avis; car souvent, dans la guerre, de petites causes amènent de grands événements. Mais il craignit que la ville ne fût mise au pillage, s'il y entrait de

tantaque dissensio	et une si-grande dissension
existit inter eos,	s'élève entr'eux,
ut conentur	qu'ils s'efforcent
conserere manum	d'engager la main (d'en venir aux mains)
atque dimicare armis :	et de combattre avec leurs armes;
tamen paulo post	cependant peu de temps après
internunciis missis	des messagers ayant été envoyés
ultro citroque,	de part et d'autre,
cognoscunt quæ ignorabant	ils connaissent les faits qu'ils ignoraient
de fuga L. Domitii.	touchant la fuite de L. Domitius.
Itaque omnes	C'est-pourquoi tous
uno consilio	d'un-seul avis
circumsistunt Domitium,	entourent Domitius,
productum in publicum,	tiré par eux en public,
et custodiunt,	et le gardent,
mittuntque ad Cæsarem	et envoient à César
legatos ex suo numero :	des députés de leur nombre,
sese esse paratos	chargés de dire: eux-mêmes être prêts
aperire portas,	à ouvrir les portes,
facereque	et à faire
quæ imperaverit,	les choses qu'il aura commandées,
et tradere	et à livrer
L. Domitium vivum	L. Domitius vivant
in potestatem ejus.	au pouvoir de lui.
XXI. Quibus rebus cognitis,	XXI. Lesquelles choses étant connues,
Cæsar,	César,
etsi arbitrabatur	bien qu'il pensât
interesse magni	importer grandement
potiri oppido	de s'emparer de la place
quam primum,	le-plus-tôt-possible
transducereque cohortes	et de faire-passer les cohortes
ad se in castra,	vers lui dans son camp,
ne qua commutatio	de-peur-que quelque changement
voluntatis	de volonté
fieret	ne se fît
aut largitionibus,	ou par des largesses,
aut confirmatione animi,	ou par un affermissement de cœur,
aut falsis nunciis,	ou par de fausses nouvelles,
quod sæpe in bello	parce que souvent dans la guerre
magni casus	de grands malheurs
intercederent	arrivaient
parvis momentis;	par de petits motifs;
tamen veritus,	cependant ayant craint,
ne introitu militum	que par l'entrée de ses soldats
et licentia	et par la licence
temporis nocturni	du temps nocturne

licentia oppidum diriperetur, eos, qui venerant, collaudat atque in oppidum dimittit; portas murosque asservari jubet. Ipse iis op ribus, quæ facere instituerat, milites disponit, non certis spatiis intermissis, ut erat superiorum dierum consuetudo; sed perpetuis vigiliis stationibusque, ut contingant inter se atque omnem munitionem explcant : tribunos militum et præfectos circummittit atque hortatur, non solum ab eruptionibus caveant, sed etiam singulorum hominum occultos exitus asservent. Neque vero tam remisso ac languido animo quisquam omnium fuit, qui ea nocte conquieverit ; tanta erat summa rerum exspectatio, ut alius in aliam partem mente atque animo traheretur, quid ipsis Corfiniensibus, quid Domitio, quid Lentulo, quid reliquis accideret, qui quosque eventus exciperent.

XXII. Quarta circiter vigilia Lentulus Spinther de muro

nuit, temps favorable à la licence. Il renvoie donc les députés avec de grands éloges et l'ordre de garder les portes et les remparts. Cependant il distribue ses troupes dans les lignes, non pas à de certaines distances comme les jours précédents : les sentinelles, les postes se touchent; une file continue de soldats borde les ouvrages. Il fait faire des rondes par les tribuns des soldats et par les préfets de cavalerie et leur recommande, non-seulement d'être en garde contre les sorties, mais de veiller sur l'évasion clandestine des individus. Il n'y eut personne dans toute l'armée d'assez nonchalant, d'assez mou pour dormir cette nuit, tant on était impatient de voir le résultat. Celui-ci avait une idée, celui-là une autre, et l'on cherchait dans sa tête quel serait le sort et des Corfiniens, et de Domitius, et de Lentulus et du reste, enfin quelle serait l'issue pour chacun.

XXII. Vers la quatrième veille, Lentulus Spinther, du haut des

oppidum diriperetur,	la ville ne fût pillée,
collaudat eos,	il loue ceux,
qui venerant,	qui étaient venus,
atque dimittit	et *les* renvoie
in oppidum ;	dans la ville ;
jubet portas murosque	il ordonne les portes et les murs
asservari.	être gardés.
Ipse disponit milites	Lui-même distribue les soldats
iis operibus,	dans ces ouvrages,
quæ instituerat facere,	qu'il avait commencé à faire,
non spatiis certis	non des espaces déterminés
intermissis,	étant laissés-entre *eux*,
ut erat consuetudo	comme c'était la coutume
temporum superiorum ;	des temps précédents ;
sed vigiliis stationibusque	mais les sentinelles et les postes
perpetuis,	*étant* ininterrompus,
ut contingant inter se	afin qu'ils *se* touchent entre eux
atque expleant	et *qu'ils* remplissent
omnem munitionem :	toute la fortification :
circummittit	il envoie-à-la-ronde
tribunos militum	les tribuns des soldats
et præfectos	et les préfets *de la cavalerie*
atque hortatur,	et il *les* exhorte,
non solum caveant	non-seulement à-ce-qu'ils prennent-garde
ab eruptionibus,	aux sorties *en masse*,
sed etiam asservent	mais encore à-ce-qu'ils observent
exitus occultos	les sorties secrètes
hominum singulorum.	des hommes isolés.
Neque vero	Et du-reste
quisquam omnium	aucun de tous (personne)
fuit animo	ne fut d'un cœur
tam remisso ac languido,	si (assez) mou et languissant,
qui conquieverit	qui se reposât (pour se reposer)
ea nocte;	cette nuit-là ;
tanta erat	si-grande était
summa exspectatio rerum,	la suprême attente des événements,
ut alius traheretur	que l'un était-tiré
mente atque animo	par *sa* pensée et par *son* esprit
in aliam partem,	dans un sens *et l'autre dans un autre*,
quid accideret	*cherchant* ce qui arriverait
Corfiniensibus ipsis,	aux Corfiniens eux-mêmes,
quid Domitio,	ce qui *arriverait* à Domitius,
quid Lentulo,	ce qui *arriverait* à Lentulus,
quid reliquis,	ce qui *arriverait* au reste-*des hommes*,
qui eventus	quels événements
exciperent quosque.	recevraient (attendaient) chacun.
XXII. Circiter	XXII. Environ

cum vigiliis custodibusque nostris colloquitur, velle, si sibi fiat potestas, Cæsarem convenire. Facta potestate, ex oppido mittitur, neque ab eo prius Domitiani milites discedunt, quam in conspectum Cæsaris deducatur. Cum eo de salute sua orat, atque obsecrat, sibi ut parcat, veteremque amicitiam commemorat Cæsarisque in se beneficia exponit, quæ erant maxima ; quod per eum in collegium pontificum venerat, quod provinciam Hispaniam ex prætura habuerat, quod in petitione consulatus ab eo erat sublevatus. Cujus orationem Cæsar interpellat : se non maleficii causa ex provincia egressum, sed uti se a contumeliis inimicorum defenderet ; ut tribunos plebis ea re ex civitate expulsos in suam dignitatem restitueret ; ut se et populum Romanum, paucorum

murs, s'adresse à nos sentinelles : « Il veut, s'il est possible, aller trouver César. » On le lui permet ; il sort, et les soldats de Domitius ne le quittent que lorsqu'il est devant César. Il la prie, le conjure, au nom de leur ancienne amitié, de lui faire grâce de la vie. Il rappelle les grands services que lui a rendus César, en le faisant entrer dans le collége des pontifes ; en lui procurant le gouvernement de l'Espagne après sa préture ; en l'appuyant, lorsqu'il briguait le consulat. César, l'interrompant, lui dit : « Qu'il n'était point sorti de son gouvernement pour faire du mal, mais pour repousser les insultes de ses ennemis ; pour rétablir dans leur dignité les tribuns du peuple chassés de Rome à cause de lui, et pour recouvrer la liberté du peuple romain et la sienne, opprimées par une poignée de fac-

quarta vigilia	à la quatrième veille
Lentulus Spinther	Lentulus Spinther
colloquitur de muro	s'entretient *du haut* du mur
cum nostris vigiliis	avec nos sentinelles
custodibusque,	et *nos* gardes, *disant*
velle,	*lui* vouloir,
si potestas fiat sibi,	si pouvoir était fait (donné) à lui,
convenire Cæsarem.	aller-trouver César.
Potestate facta,	*Ce* pouvoir étant fait (lui étant donné),
mittitur ex oppido,	il est envoyé hors de la ville,
neque milites Domitiani	et les soldats de Domitius
discedunt ab eo	ne s'éloignent pas de lui
prius quam deducatur	avant qu'il soit amené
in conspectum Cæsaris.	en présence de César.
Orat cum eo	Il (Lentulus) parle avec lui (César)
de sua salute,	de son salut,
atque obsecrat,	et *le* conjure
ut parcat sibi,	qu'il épargne lui,
commemoratque	et il rappelle
veterem amicitiam	*leur* ancienne amitié
exponitque	et il expose
beneficia Cæsaris in se,	les bienfaits de César envers lui,
quæ erant maxima :	lesquels étaient très-grands :
quod per eum venerat	que par lui il était arrivé
in collegium pontificum,	dans le collége des pontifes,
quod habuerat	qu'il avait eu
ex prætura	au-sortir-de *sa* préture
provinciam Hispaniam,	la province d'Espagne,
quod in petitione	que dans *sa* brigue
consulatus	du consulat
sublevatus erat ab eo.	il avait été soutenu par lui.
Cæsar interpellat	César interrompt
orationem cujus :	le discours de lui, *disant*
se egressum	lui (César) *être* sorti
ex provincia	de *sa* province
non causa maleficii,	non en-vue d'un acte-méchant,
sed uti se defenderet	mais pour qu'il se défendît
a contumeliis	contre les outrages
inimicorum ;	de *ses* ennemis ;
ut restitueret	pour qu'il rétablît
in suam dignitatem	dans leur dignité
tribunos plebis	les tribuns du peuple
expulsos ex civitate	chassés de la cité
ea re ;	par ce motif (pour l'avoir défendu) ;
ut vindicaret in libertatem	pour qu'il mît en liberté
se	lui (César)
et populum Romanum	et le peuple romain

factione oppressum, in libertatem vindicaret. Cujus oratione confirmatus Lentulus, uti in oppidum reverti liceat, petit; quod de sua salute impetraverit, fore etiam reliquis ad suam spem solatio; adeo esse perterritos nonnullos, ut suæ vitæ durius consulere cogantur. Facta potestate discedit.

XXIII. Cæsar, ubi illuxit, omnes senatores senatorumque liberos, tribunos militum equitesque Romanos ad se produci jubet. Erant senatorii ordinis L. Domitius, P. Lentulus Spinther, L. Vibullius Rufus, Sex. Quinctilius Varus, quæstor, L. Rubrius : præterea filius Domitii aliique complures adolescentes et magnus numerus equitum Romanorum et decurionum, quos ex municipiis Domitius evocaverat. Hos omnes productos a contumeliis militum conviciisque prohibet : pauca

tieux. » Lentulus, rassuré par ce discours, demande la permission de rentrer dans la ville. « Ce qu'il avait obtenu pour lui soulagerait les autres en leur rendant l'espoir ; il y en avait de si effrayés, qu'ils prendraient les plus cruelles résolutions. » César l'ayant permis, il se retira.

XXIII. Dès le point du jour, César ordonne qu'on lui amène tous les sénateurs, les fils de sénateurs, les tribuns des soldats et les chevaliers romains. Les sénateurs étaient L. Domitius, P. Lentulus Spinther, L. Vibullius Rufus, le questeur Sex. Quinctilius Varus et L. Rubrius. Il y avait de plus le fils de Domitius, avec plusieurs autres jeunes gens et beaucoup de chevaliers romains et de décurions, que Domitius avait mandés des villes municipales. Lorsqu'ils sont arrivés devant César, qui les garantit des invectives et des outrages

oppressum factione	opprimé par la faction
paucorum.	de peu-d'*hommes*.
Cujus oratione	Par le discours duquel
Lentulus confirmatus	Lentulus rassuré
petit uti liceat	demande qu'il *lui* soit-permis
reverti in oppidum;	de retourner dans la ville:
quod impetraverit	*disant* ce qu'il aura obtenu
de sua salute	touchant son *propre* salut
fore etiam solatio	devoir être aussi à consolation
reliquis	au reste-des *citoyens*
ad suam spem;	pour leur espérance;
nonnullos	quelques-uns
esse perterritos adeo,	être effrayés tellement,
ut cogantur	qu'ils seraient forcés
consulere	de prendre-une-résolution
durius	un-peu-violente
suæ vitæ.	*relativement* à leur vie.
Potestate facta	Ce pouvoir étant fait (lui étant donné)
discedit.	il se retire.
XXIII. Ubi illuxit,	XXIII. Dès qu'il fit-jour,
Cæsar jubet	César ordonne
omnes senatores	tous les sénateurs
liberosque senatorum,	et les fils de sénateurs,
tribunos militum	les tribuns des soldats
equitesque Romanos	et les chevaliers romains
produci ad se.	être amenés devant lui.
Erant	C'étaient
ordinis senatorii	de l'ordre sénatorial
L. Domitius,	L. Domitius,
P. Lentulus Spinther,	P. Lentulus Spinther,
L. Vibullius Rufus,	L. Vibullius Rufus,
Sex. Quinctilius Varus,	Sex. Quinctilius Varus,
quæstor,	questeur,
L. Rubrius;	L. Rubrius;
præterea filius Domitii	en-outre le fils de Domitius
aliique adolescentes	et d'autres jeunes-gens
complures	nombreux
et magnus numerus	et un grand nombre
equitum Romanorum	de chevaliers romains
et decurionum,	et de décurions,
quos Domitius evocaverat	que Domitius avait mandés
ex municipiis.	des villes-municipales.
Prohibet omnes hos	Il préserve tous ces *personnages*
productos	amenés *devant lui*
a contumeliis militum	des outrages des soldats
convicioque:	et de *leurs* clameurs-injurieuses:
loquitur pauca	il parle *en* peu-de *mots*

apud eos loquitur, quod sibi a parte eorum gratia relata non sit pro suis in eos maximis beneficiis. Dimittit omnes incolumes. Sestertium sexagies, quod advexerat Domitius atque in publicum deposuerat, allatum ad se ab duumviris Corfiniensibus, Domitio reddit, ne continentior in vita hominum, quam in pecunia, fuisse videatur; etsi eam pecuniam publicam esse constabat, datamque a Pompeio in stipendium. Milites Domitianos sacramentum ap ad se dicere jubet atque eo die castra movet, justumque iter conficit, septem omnino dies ad Corfinium commoratus, et per fines Marrucinorum, Frentanorum, Larinatium, in Apuliam pervenit.

XXIV. Pompeius, iis rebus cognitis, quæ erant ad Corfinium gestæ, Luceria proficiscitur Canusium atque inde Brun-

des soldats, il leur dit quelques mots « sur leur ingratitude pour les services considérables qu'il leur avait rendus, » et les renvoie tous sains et saufs. Les Duumvirs de Corfinium lui ayant apporté six millions de sesterces, déposés par Domitius dans le trésor public, César les lui rendit, pour ne point paraître plus avide d'argent que de sang, quoiqu'il fût connu que c'était de l'argent de l'État, donné par Pompée pour la solde. S'étant fait prêter serment par les troupes de Domitius, il décampe le jour même, après en avoir passé sept en tout devant Corfinium, fait la marche ordinaire, et se rend dans l'Apulie, par le pays des Marrucins, des Frentains et des Larinates.

XXIV. Pompée, apprenant ce qui s'était passé à Corfinium, part de Lucéria pour Canusium et de là pour Brindes. Il y fait venir de

apud eos,	devant eux,
quod sibi a parte eorum	de-ce-que de la part d'eux
gratia	*aucune* reconnaissance
non sit relata	n'a été acquittée
pro suis beneficiis	pour ses bienfaits
maximis	très-grands
in eos.	envers eux.
Dimittit omnes	Il *les* renvoie tous
incolumes.	sains-et-saufs.
Reddit Domitio	Il rend à Domitius
sexagies sestertium,	soixante-fois *cent mille* sesterces,
quod	laquelle *somme*
Domitius advexerat	Domitius avait apportée
atque deposuerat	et avait déposée
in publicum,	dans le *trésor* public,
allatum ad se	*somme* apportée à lui (César)
ab duumviris	par les duumvirs
Corfiniensibus	de-Corfinium,
ne videatur	de-peur-qu'il ne paraisse
fuisse continentior	avoir été plus réservé
in vita hominum,	pour la vie des hommes
quam in pecunia;	que pour l'argent;
etsi constabat	bien qu'il fût-constant
eam pecuniam	cet argent-là
esse publicam,	être *l'argent* de-l'État,
datamque a Pompeio	et *avoir été* donné par Pompée
in stipendium.	pour la paye.
Jubet	Il ordonne
milites Domitianos	les soldats de-Domitius
dicere sacramentum	dire (prononcer) le serment
apud se,	devant lui,
atque eo die	et ce jour *même*
movet castra,	il met-en-mouvement (lève) *son* camp,
conficitque iter justum,	et fait une marche ordinaire,
commoratus	ayant séjourné
ad Corfinium	devant Corfinium
septem dies omnino,	sept jours en-tout,
et per fines	et à travers le territoire
Marrucinorum,	des Marrucins,
Frentanorum,	des Frentains,
Larinatium,	des Larinates,
pervenit in Apuliam.	il se rend dans l'Apulie.
XXIV. Iis rebus,	XXIV. Ces faits,
quæ erant gestæ	qui s'étaient passés
ad Corfinium,	devant Corfinium,
cognitis,	étant connus,
Pompeius proficiscitur	Pompée part

disium. Copias undique omnes ex novis dilectibus ad se cogi jubet ; servos, pastores armat atque his equos attribuit : ex iis circiter CCC equites conficit. L. Manlius prætor Alba cum cohortibus sex profugit, Rutilius Lupus prætor Tarracina cum tribus : quæ procul equitatum Cæsaris conspicatæ, cui præerat Vibius Curius, relicto prætore, signa ad Curium transferunt atque ad eum transeunt. Item reliquis itineribus nonnullæ cohortes in agmen Cæsaris, aliæ in equites incidunt. Reducitur ad eum deprehensus ex itinere Cn. Magius, Cremona, præfectus fabrum Cn. Pompeii, quem Cæsar ad eum remittit cum mandatis : quoniam ad id tempus facultas colloquendi non fuerit, atque ad se Brundisium sit venturus, interesse reipublicæ et communis salutis, se cum Pompeio

toutes parts ses nouvelles levées, arme les esclaves et donne des chevaux aux pâtres, dont il forme un corps d'environ trois cents hommes. Le préteur L. Manlius s'enfuit d'Albe avec six cohortes, et le préteur Rutilius Lupus de Terracine avec trois : mais elles l'abandonnent, en apercevant dans le lointain la cavalerie de César, et passent, enseignes hautes, sous les ordres de Curius, qui la commandait. Dans le reste de la route, plusieurs autres cohortes tombent encore dans le gros de l'armée ou dans la cavalerie. On arrête aussi et l'on amène Cn. Magius de Crémone, chef du parc des machines de Pompée : César le renvoie, en le chargeant de dire à son général « Que, puisqu'ils n'avaient pu jusque-là s'aboucher, il était de l'intérêt général et du leur qu'ils eussent une conférence à Brindes,

Luceria Canusium,	de Lucérie pour Canusium,
atque inde Brundusium.	et de-là pour Brindes.
Jubet omnes copias	Il ordonne toutes les troupes
ex novis dilectibus	des nouvelles levées
cogi undique	être rassemblées de-tous-côtés
ad se;	vers lui;
armat servos, pastores,	il arme les esclaves, les pâtres,
atque attribuit his equos :	et donne à eux des chevaux :
conficit ex iis	il forme de ces *recrues*
trecentos equites circiter.	trois-cents cavaliers environ.
Prætor L. Manlius	Le préteur L. Manlius
profugit Alba	s'enfuit d'Albe
cum sex cohortibus,	avec six cohortes,
prætor Rutilius Lupus	le préteur Rutilius Lupus
Tarracina	*s'enfuit* de Terracine
cum tribus :	avec trois *cohortes* :
quæ conspicatæ procul	lesquelles ayant aperçu de-loin
equitatum Cæsaris,	la cavalerie de César,
cui præerat	que commandait
Vibius Curius,	Vibius Curius,
prætore relicto,	le préteur étant abandonné,
transferunt signa	transportent *leurs* enseignes
ad Curium	vers Curius
atque transeunt ad eum.	et passent vers lui.
Item reliquis itineribus	De-même dans le-reste-des marches
nonnullæ cohortes	quelques cohortes
incidunt in agmen	tombent dans la troupe-en-marche
Cæsaris,	de César,
aliæ in equites.	les autres au milieu de *ses* cavaliers.
Cn. Magius,	Cn. Magius,
Cremona,	*natif* de Crémone,
præfectus fabrum	chef des ouvriers *militaires*
Cn. Pompeii,	de Cn. Pompée,
deprehensus ex itinere	arrêté au-milieu-de la route
reducitur ad eum;	est ramené vers lui (César);
quem Cæsar remittit	lequel César renvoie
ad eum	vers lui (Pompée)
cum mandatis:	avec des commissions:
quoniam ad id tempus	*à savoir* puisque jusqu'à ce moment
facultas colloquendi	la possibilité de s'entretenir
non fuerit,	n'a pas été,
atque sit venturus	et qu'il (Pompée) doit venir
ad se Brundusium,	vers lui (César) à Brindes,
interesse reipublicæ	*cela* importer à la république
et salutis communis,	et au salut commun,
se colloqui	lui (César) s'entretenir
cum Pompeio;	avec Pompée;

colloqui ; neque vero idem profici longo itineris spatio, quum per alios conditiones ferantur, ac si coram de omnibus conditionibus disceptetur.

XXV. His datis mandatis, Brundisium cum legionibus sex pervenit, veteranis tribus, reliquis, quas ex novo dilectu confecerat atque in itinere compleverat : Domitianas enim cohortes protinus a Corfinio in Siciliam miserat. Reperit, consules Dyrrhachium profectos cum magna parte exercitus, Pompeium remanere Brundisii cum cohortibus viginti (neque certum inveniri poterat, obtinendine Brundisii causa ibi remansisset, quo facilius omne Hadriaticum mare extremis Italiæ partibus regionibusque Græciæ in potestatem haberet, atque ex utraque parte bellum administrare posset ; an inopia navium ibi restitisset) : veritusque, ne Italiam ille dimittendam

où il allait se rendre ; car il était bien différent de traiter à de grandes distances et par des intermédiaires, ou de discuter les choses de vive voix. »

XXV. Ayant donné ces instructions à Magius, il arrive devant Brindes avec six légions, trois de vétérans, les autres nouvellement levées, et complétées en chemin : car il avait envoyé, de Corfinium même, les cohortes de Domitius en Sicile. Il apprend que les consuls sont partis pour Dyrrachium avec une grande partie de l'armée et que Pompée est resté à Brindes avec vingt cohortes. On ne savait pas au juste si c'était faute de vaisseaux, ou pour se conserver cette ville, afin d'être le maître des points les plus avancés de la Grèce et de l'Italie, de s'assurer ainsi de l'empire de la mer Adriatique, et d'avoir toute facilité pour porter la guerre dans l'un ou l'autre pays. César, craignant qu'il ne jugeât pas à propos d'évacuer

neque vero idem profici	or la même chose n'être pas gagnée
longo spatio	à un long intervalle
itineris,	de chemin,
quum conditiones	lorsque les conditions
ferantur	sont portées
per alios,	par-l'intermédiaire-d'autres *personnes*
ac si disceptetur	que si l'on discute
coram	en-présence
de omnibus conditionibus.	sur toutes les conditions.
XXV. His mandatis	XXV. Ces commissions
datis,	ayant été données,
pervenit Brundisium	il arrive à Brindes
cum sex legionibus,	avec six légions,
tribus veteranis,	trois de-vétérans,
reliquis,	les *légions* restantes,
quas confecerat	*étant celles* qu'il avait formées
ex novo dilectu	d'une nouvelle levée
atque compleverat	et qu'il avait complétées
in itinere :	en chemin :
miserat enim protinus	car il avait envoyé aussitôt
cohortes Domitianas	les cohortes de-Domitius
a Corfinio in Siciliam.	de Corfinium en Sicile.
Reperit consules	Il apprend les consuls
profectos Dyrrhachium	*être* partis pour Dyrrachium
cum magna parte	avec une grande partie
exercitus,	de l'armée,
Pompeium remanere	Pompée rester
Brundisii	à Brindes
cum viginti cohortibus	avec vingt cohortes
(neque poterat inveniri	(et *ceci* ne pouvait être trouvé
certum,	certain (au juste),
remansissetne ibi	s'il était resté là
causa obtinendi Brundisii,	en-vue de garder Brindes,
quo haberet facilius	afin qu'il eût plus facilement
in potestatem	en *son* pouvoir
omne mare Hadriaticum	toute la mer Adriatique
partibus extremis Italiæ	depuis les parties extrêmes de l'Italie
regionibusque Græciæ,	et les contrées de la Grèce,
atque posset	et qu'il pût
administrare bellum	conduire la guerre
ex utraque parte;	des deux côtés ;
an restitisset ibi	ou-s'il était resté là
inopia navium) :	par manque de vaisseaux) :
veritusque,	et ayant craint
ne ille	que celui-ci (Pompée)
non existimaret	ne jugeât point
dimittendam Italiam,	devoir abandonner l'Italie,

non existimaret, exitus administrationesque Brundisini portus impedire instituit : quorum operum hæc erat ratio. Qua fauces erant angustissimæ portus, moles atque aggerem ab utraque parte littoris jaciebat, quod his locis erat vadosum mare. Longius progressus, quum agger altiore aqua contineri non posset, rates duplices, quoquoversus pedum triginta, e regione molis collocabat. Has quaternis ancoris ex quatuor angulis destinabat, ne fluctibus moverentur. His perfectis collocatisque alias deinceps pari magnitudine rates jungebat; has terra atque aggere integebat, ne aditus atque incursus ad defendendum impediretur : a fronte atque ab utroque latere cratibus ac pluteis protegebat : in quarta quaque earum turres binorum tabulatorum excitabat, quo commodius ab impetu navium incendiisque defenderet.

l'Italie, résolut de fermer l'issue du port de Brindes ou du moins de la rendre difficile, et voici comment il s'y prit. Dans l'endroit le plus étroit, il fit des deux côtés une jetée avec un rempart, parce qu'il y avait peu d'eau : plus loin, quand la profondeur de la mer ne permit plus de continuer ces digues, on plaça de part et d'autre, à leur extrémité, un radeau de trente pieds carrés, assujetti par ses quatre angles à quatre ancres, pour que la vague ne le dérangeât pas. Les deux premiers étant achevés et fixés, on y en joignit d'autres de la même grandeur, que l'on couvrait à mesure de fascines et de terre, afin qu'on pût aisément marcher et courir dessus pour les défendre : le front et les flancs furent garnis de claies et de mantelets; et sur chaque quatrième radeau s'élevait une tour à deux étages, pour mieux les garantir du choc des vaisseaux et du feu.

instituit	il commença
impedire exitus	à intercepter les issues
administrationesque	et les facilités
portus Brundisini :	du port de Brindes :
quorum operum	desquels ouvrages
ratio erat hæc.	le système était celui-ci.
Qua fauces portus	Là où les entrées du port
erant angustissimæ,	étaient le plus étroites
jaciebat	il jetait
ab utraque parte littoris	des deux côtés du rivage
moles atque aggerem,	des masses-de-pierre et des matériaux,
quod his locis	parce que dans ces endroits
mare erat vadosum.	la mer était peu-profonde.
Progressus longius,	S'étant avancé plus loin,
quum agger	comme les matériaux (la digue)
non posset contineri	ne pouvaient être maintenus
aqua altiore,	à-cause-de l'eau trop-profonde,
collocabat	il plaçait
e regione molis	à l'*extrême* limite de la digue
rates duplices,	des radeaux doubles (un de chaque côté)
triginta pedum	de trente pieds
quoquoversus,	en-tout-sens.
Destinabat has	Il assujettissait ces *radeaux*
quaternis ancoris	par quatre ancres
ex quatuor angulis,	à *leurs* quatre angles,
ne moverentur	pour qu'ils ne fussent pas dérangés
fluctibus.	par les vagues.
His perfectis	A ces *premiers radeaux* achevés
collocatisque	et placés
jungebat deinceps rates	il joignait ensuite d'*autres* radeaux
pari magnitudine ;	d'égale grandeur ;
integebat has	il couvrait eux
terra atque aggere,	de terre et de fascines,
ne aditus	pour que *leur* accès
atque incursus	et la possibilité-de-courir-dessus
ad defendendum	pour *les* défendre
impediretur ;	ne fussent pas entravés ;
protegebat	il *les* protégeait
cratibus atque pluteis	par des claies et des mantelets
a fronte	de front
atque ab utroque latere ;	et des deux côtés ;
in quaque quarta earum	sur chaque quatrième d'eux
excitabat turres	il élevait des tours
binorum tabulatorum,	de deux étages,
quo defenderet commodius	afin qu'il *les* défendît plus commodément
ab impetu navium	du choc des navires
incendiisque.	et des incendies.

XXVI. Contra hæc Pompeius naves magnas onerarias, quas in portu Brundisino deprehenderat, adornabat. Ibi turres cum ternis tabulatis erigebat, easque, multis tormentis et omni genere telorum completas, ad opera Cæsaris appellebat, ut rates perrumperet atque opera disturbaret. Sic quotidie utrinque eminus fundis, sagittis, reliquisque telis pugnabatur. Atque hæc ita Cæsar administrabat, ut conditiones pacis dimittendas non existimaret. Ac tametsi magnopere admirabatur, Magium, quem ad Pompeium cum mandatis miserat, ad se non remitti; atque ea res sæpe tentata etsi impetus ejus consiliaque tardabat : tamen omnibus rebus in eo perseverandum putabat. Itaque Caninium Rebilum legatum, familiarem necessariumque Scribonii Libonis, mittit ad eum

XXVI. Pompée équipa de son côté de grands vaisseaux de transport, qu'il avait trouvés dans le port de Brindes, et sur lesquels on construisit des tours à trois étages; puis les ayant remplies de machines et de toute espèce de traits, on les poussait contre les travaux de César pour briser les radeaux et ruiner les ouvrages : ainsi, chaque jour, on se battait de loin à coups de fronde, de flèches et de toute sorte de traits. Tout en prenant ces mesures, César ne crut pas devoir renoncer à un accommodement; quelque surpris qu'il fût de ne pas revoir Magius, qu'il avait chargé de propositions pour Pompée, et quoique ces tentatives réitérées, en enchaînant son activité, nuisissent à ses projets, il jugeait devoir y persévérer à tout prix. Il charge donc son lieutenant Caninius Rebilus d'avoir une conférence avec Scribonius Libon, son intime ami. Caninius

XXVI. Contra hæc	XXVI. Contre ces *ouvrages*
Pompeius adornabat	Pompée équipait
magnas naves onerarias,	de grands navires de charge,
quas deprehenderat	qu'il avait pris
in portu Brundisino.	dans le port-de-Brindes.
Ibi	Là (sur ces navires)
erigebat turres	il dressait des tours
cum ternis tabulatis,	avec trois étages,
appellebatque eas,	et poussait eux,
completas	remplis
multis tormentis	de beaucoup-de machines
et omni genere telorum,	et de toute espèce de traits,
ad opera Cæsaris,	contre les ouvrages de César,
ut perrumperet rates	afin qu'il brisât les radeaux
atque disturbaret opera.	et détruisît les ouvrages.
Sic quotidie	Ainsi chaque-jour
utrimque	de-part-et-d'autre
pugnabatur eminus	on combattait de loin
fundis, sagittis	avec des frondes, des flèches
reliquisque telis.	et le reste-des-traits.
Atque Cæsar	Or César
administrabat hæc ita,	conduisait ces choses de-telle-sorte,
ut non existimaret	qu'il ne pensait pas
conditiones pacis	les conditions de la paix
dimittendas.	devoir être abandonnées.
Ac tametsi admirabatur	Et quoiqu'il s'étonnât
magnopere	grandement
Magium, quem miserat	Magius, qu'il avait envoyé
ad Pompeium	vers Pompée
cum mandatis,	avec des commissions,
non remitti	n'être point renvoyé
ad se;	vers lui (César);
atque etsi ea res	et quoique cette chose
tentata sæpe	tentée souvent
tardabat impetus	retardât les mouvements (l'activité)
consiliaque ejus :	et les projets de lui :
tamen putabat	cependant il pensait
perseverandum in eo	falloir persévérer dans ce *système*
omnibus rebus.	par tous les moyens.
Itaque	En-conséquence
mittit ad eum	il envoie vers lui (Pompée)
causa colloquii	en-vue d'une conférence
Caninium Rebilum	Caninius Rébilus
legatum, familiarem	son lieutenant, ami-intime
necessariumque	et allié
Scribonii Libonis :	de Scribonius Libon :
mandat,	il *lui* donne-pour-commission,

colloquii causa : mandat, ut Libonem de concilianda pace hortetur; in primis, ut ipse cum Pompeio colloqueretur, postulat : magnopere sese confidere demonstrat, si ejus rei sit potestas facta, fore, ut æquis conditionibus ab armis discedatur : cujus rei magnam partem laudis atque existimationis ad Libonem perventuram, si, illo auctore atque agente, ab armis sit discessum. Libo, a colloquio Caninii digressus, ad Pompeium proficiscitur : paulo post renunciat, quod consules absint, sine illis de compositione agi non posse. Ita sæpius rem frustra tentatam Cæsar aliquando dimittendam sibi judicat et de bello agendum.

XXVII. Prope dimidia parte operis a Cæsare effecta, diebusque in ea re consumptis novem, naves, a consulibus Dyrrhachio remissæ, quæ priorem partem exercitus eo deporta-

devait l'exhorter « à ménager un accommodement, et d'abord une entrevue avec Pompée : César était fortement persuadé que, si elle pouvait avoir lieu, la paix se ferait à des conditions équitables; et le mérite et l'honneur en seraient en grande partie à Libon, si c'était par ses conseils et par son entremise que l'on posât les armes. » Libon quitte Caninius, va trouver Pompée et revient dire, l'instant d'après « que les consuls sont absents, et qu'on ne peut traiter sans eux. » Après tant d'infructueuses tentatives, César crut enfin devoir en rester là, et ne plus penser qu'à la guerre.

XXVII. Les travaux, au bout de neuf jours, étaient presque à moitié, lorsqu'on vit revenir à Brindes les vaisseaux qui avaient porté à Dyrrachium les consuls et la première division de l'armée. Aussi-

ut hortetur Libonem	qu'il exhorte Libon
de concilianda pace ;	à ménager la paix ;
in primis, postulat	d'abord (surtout), il demande
ut ipse colloqueretur	que lui-même (César) s'entretînt
cum Pompeio :	avec Pompée :
demonstrat	il déclare
sese confidere	lui-même avoir-confiance
magnopere,	grandement,
si potestas ejus rei	si la faculté de cette chose
facta sit,	est faite (donnée),
fore,	devoir être (qu'il en résultera)
ut discedatur ab armis	que l'on s'éloigne des armes
conditionibus æquis :	à des conditions équitables :
cujus rei	duquel fait
magnam partem laudis	une grande partie de la gloire
atque existimationis	et de l'estime
perventuram ad Libonem,	devoir revenir à Libon,
si discessum sit	si l'on s'est éloigné
ab armis,	des armes,
illo auctore atque agente.	lui (Libon) en étant l'auteur et l'acteur.
Libo, digressus	Libon, s'étant retiré
a colloquio Caninii,	de l'entretien de Caninius,
proficiscitur ad Pompeium :	part vers Pompée :
paullo post	peu-de *temps* après
renunciat,	il annonce,
quod consules absint,	parce que les consuls sont-absents,
non posse agi	ne pouvoir être traité (qu'on ne peut
sine illis	sans eux [traiter]
de compositione pacis.	de l'arrangement de la paix.
Ita Cæsar judicat	Ainsi César juge
rem tentatam frustra	une chose tentée en-vain
sæpius	trop-souvent
dimittendam sibi	devoir être abandonnée par lui
aliquando	enfin
et agendum	et falloir s'occuper
de bello.	de la guerre.
XXVII. Prope	XXVII. Presque
dimidia parte operis	la demi partie (la moitié) de l'ouvrage
effecta a Cæsare,	étant achevée par César,
novemque diebus	et neuf jours
consumptis	ayant été consumés
in ea re,	dans ce travail,
naves,	les vaisseaux,
remissæ Dyrrhachio	renvoyés de Dyrrachium
a consulibus,	par les consuls,
quæ deportaverant eo	*vaisseaux* qui avaient transporté là
priorem partem exercitus,	la première partie de l'armée,

verant, Brundisium revertuntur. Pompeius, sive operibus Caesaris permotus, sive etiam quod ab initio Italia excedere constituerat, adventu navium profectionem parare incipit : et, quo facilius impetum Caesaris tardaret, ne sub ipsa profectione milites oppidum irrumperent, portas obstruit, vicos plateasque inaedificat, fossas transversas viis praeducit atque ibi sudes stipitesque praeacutos defigit. Haec levibus cratibus terraque inaequat; aditus autem atque itinera duo, quae extra murum ad portam ferebant, maximis defixis trabibus, atque eis praeacutis, praesepit. His paratis rebus, milites silentio naves conscendere jubet; expeditos autem ex evocatis, sagittariis funditoribusque raros in muro turribusque disponit. Hos certo signo revocare constituit, quum omnes milites na-

tôt, soit que les mesures de César l'inquiétassent, soit qu'il eût dès le principe résolu de quitter l'Italie, Pompée se dispose à partir; et pour ralentir les mouvements de César, dont les troupes, au moment même de l'embarquement, pourraient se jeter dans la ville, il en bouche les portes, mure les places et les carrefours, et coupe les rues par des fossés, où il fait enfoncer des pieux aigus, qu'on recouvre de légères claies et de terre. Quant aux issues et aux deux chemins extérieurs, qui conduisaient au port, il les flanque d'un rang de grosses poutres pointues. Tout étant prêt, il ordonne aux troupes de s'embarquer en silence, ayant posté sur les murs un petit nombre de volontaires, d'archers et de frondeurs des plus lestes : un signal devait les rappeler, quand tout le reste serait

revertuntur Brundisium.	reviennent à Brindes.
Pompeius, sive permotus	Pompée, soit frappé-vivement
operibus Cæsaris,	des ouvrages de César,
sive etiam quod constituerat	soit aussi parce qu'il avait résolu
ab initio	dès le commencement
excedere Italia,	de sortir de l'Italie,
incipit parare profectionem	commence à préparer *son* départ
adventu navium :	dès l'arrivée des vaisseaux :
et, quo tardaret	et, afin qu'il retardât
facilius	plus facilement
impetum Cæsaris,	l'impétuosité de César, [même
ne sub profectione ipsa	de-peur-qu'au-moment-de *son* départ
milites	les soldats *de César*
irrumperent	ne fissent-irruption
oppidum,	dans la ville,
obstruit portas,	il bouche les portes,
inædificat vicos	il mure les rues
plateasque,	et les places,
præducit viis	trace dans les rues
fossas transversas	des fossés transversaux
atque defigit ibi	et enfonce là (dedans)
sudes	des piquets
stipitesque præacutas.	et des pieux très-aigus.
Inæquat hæc	Il égalise ces *ouvrages*
cratibus levibus	avec des claies légères
terraque;	et de la terre ;
præsepit autem	il intercepte d'autre-part
maximis trabibus defixis,	avec de très-grandes poutres enfoncées,
atque eis præacutis,	et celles-ci très-aiguës,
aditus	les entrées
atque duo itinera,	et les deux chemins,
quæ extra murum	qui hors du mur
ferebant	portaient (conduisaient)
ad portum.	au port.
His rebus paratis,	Ces choses étant préparées,
jubet milites	il ordonne les soldats
conscendere naves	monter sur les vaisseaux
silentio ;	en silence ;
disponit autem	il poste d'autre-part
in muro turribusque	sur le mur et sur les tours
expeditos raros	des *hommes* lestes eu-petit-nombre
ex evocatis,	d'entre les *soldats* rappelés,
sagittariis	d'entre les archers
funditoribusque.	et les frondeurs.
Constituit revocare hos	Il décide de rappeler eux
signo certo,	par un signal déterminé,
quum omnes milites	lorsque tous les soldats

ves conscendissent; atque iis expedito loco actuaria navigia relinquit.

XXVIII. Brundisini, Pompeianorum militum injuriis atque ipsius Pompeii contumeliis permoti, Cæsaris rebus favebant. Itaque, cognita Pompeii profectione, concursantibus illis atque in ea re occupatis, vulgo ex tectis significabant : per quos re cognita, Cæsar scalas parari militesque armari jubet, ne quam rei gerendæ facultatem dimittat. Pompeius sub noctem naves solvit. Qui erant in muro custodiæ causa collocati, eo signo, quod convenerat, revocantur, notisque itineribus ad naves decurrunt. Milites, positis scalis, muros ascendunt; sed moniti a Brundisinis, ut vallum cæcum fossasque caveant, subsistunt, et, longo itinere ab his circumducti, ad portum

à bord, et des barques légères les attendaient dans un endroit commode.

XXVIII. Les habitants de Brindes, aigris par les violences des soldats et par les outrages de Pompée lui-même, étaient partisans de César ; aussi, tandis qu'on s'occupait tumultueusement du départ, plusieurs d'entre eux nous en prévinrent du haut des toits, par signes. Sur cet avis, César fait préparer des échelles, et prendre les armes aux troupes, pour ne perdre aucune occasion d'agir. Pompée mit en mer vers la nuit : le signal convenu rappelle ceux qui étaient restés de garde sur le mur; ils gagnent leurs vaisseaux à la course, par des chemins qu'ils connaissent. Nos soldats appliquent leurs échelles et montent sur le mur ; mais avertis par les habitants de prendre garde aux tranchées et aux pieux recouverts, ils s'arrêtent et, guidés par eux, font un long circuit pour arriver au port : ils n'y

conscendissent	auraient monté
naves ;	sur les vaisseaux ;
atque relinquit iis	et il laisse pour eux
loco expedito	dans un endroit commode,
navigia actuaria.	des barques légères.
XXVIII. Brundisini,	XXVIII. Les habitants-de-Brindes
permoti injuriis	touchés-vivement des injures
militum Pompeianorum	des soldats de-Pompée
atque contumeliis	et des outrages
Pompeii ipsius,	de Pompée lui-même,
favebant rebus Cæsaris.	favorisaient les affaires de César.
Itaque,	C'est-pourquoi,
profectione Pompeii	le départ de Pompée
cognita,	étant connu,
illis	ceux-là (les soldats de Pompée)
concursantibus	courant-de-côté-et-d'autre
atque occupatis	et étant occupés
in ea re,	dans (de) cette chose, [par-signes
significabant	ils (les habitants) le faisaient-connaître.
vulgo ex tectis :	partout du haut des toits :
per quos re cognita,	par lesquels la chose étant connue,
Cæsar jubet	César ordonne
scalas parari	les échelles être préparées
militesque armari,	et les soldats s'armer,
ne dimittat	pour qu'il ne laisse-pas-échapper
quam facultatem	quelque facilité
gerendæ rei.	de faire une affaire (d'obtenir un succès).
Pompeius	Pompée
solvit naves	détache les vaisseaux (met à la voile)
sub nocte.	vers la nuit.
Qui erant collocati	Ceux qui avaient été placés
in muro	sur le mur
causa custodiæ,	en-vue de la garde,
revocantur eo signo,	sont rappelés par ce signal,
quod convenerat,	qui était convenu,
decurruntque ad naves	et courent aux vaisseaux
itineribus notis.	par des chemins connus.
Milites,	Les soldats de César,
scalis positis,	les échelles étant posées,
ascendunt muros ;	escaladent les murs ;
sed moniti	mais avertis
a Brundisinis,	par les habitants-de-Brindes,
ut caveant	qu'ils prennent-garde
vallum cæcum	au retranchement caché
fossasque,	et aux fossés,
subsistunt,	ils s'arrêtent,
et, circumducti	et, conduits-autour de la ville

perveniunt duasque naves cum militibus, quæ ad moles Cæsaris adhæserant, scaphis lintribusque deprehendunt, deprehensas excipiunt.

XXIX. Cæsar, etsi ad spem conficiendi negotii maxime probabat, coactis navibus mare transire, et Pompeium sequi, priusquam ille sese transmarinis auxiliis confirmaret: tamen ejus rei moram temporisque longinquitatem timebat, quod, omnibus coactis navibus, Pompeius præsentem facultatem insequendi sui ademerat. Relinquebatur, ut ex longinquioribus regionibus Galliæ Picenique et a freto naves essent exspectandæ. Id propter anni tempus longum atque impeditum videbatur. Interea veterem exercitum, duas Hispanias confirmari (quarum altera erat maximis beneficiis Pompeio de-

trouvèrent que deux vaisseaux chargés de troupes qui avaient échoué sur les jetées ; ils s'en emparèrent avec des chaloupes et des canots.

XXIX. César sentait bien que le grand moyen de tout terminer, c'était de rassembler des vaisseaux et de suivre Pompée, avant qu'il eût renforcé son armée de l'autre côté de la mer ; mais il craignait que cela ne l'arrêtât trop longtemps; car Pompée, en emmenant tous les vaisseaux, lui avait ôté pour le moment les moyens de le poursuivre. Tout ce qu'il pouvait, c'était de faire venir des navires de la Gaule, du Picénum et du détroit ; ce qui devait être long et difficile, vu l'éloignement et la saison. En attendant, il ne voulait ni que la vieille armée et les deux Espagnes, dont l'une avait reçu les plus grands bienfaits de Pompée, s'affermissent dans son parti, ni

ab his	par ceux-ci
longo itinere,	par un long chemin,
perveniunt ad portum	ils arrivent au port
deprehenduntque	et surprennent
scaphis lintribusque	avec des chaloupes et des canots
duas naves	deux vaisseaux
cum militibus,	avec des soldats (remplis de soldats),
quæ adhæserant	lesquels avaient échoué
ad moles Cæsaris,	contre les jetées de César,
excipiunt deprehensas.	puis ils s'emparent *d'eux une fois pris.*
XXIX. Etsi Cæsar	XXIX. Quoique César
probabat maximo	approuvât surtout
ad spem	pour l'espoir
conficiendi negotii	de terminer l'affaire
transire mare	*l'idée* de passer la mer
navibus coactis,	des vaisseaux étant rassemblés,
et sequi Pompeium	et de suivre Pompée
prius quam ille	avant que celui-ci
sese confirmaret	se renforçât
auxiliis transmarinis :	par des secours d'outre-mer :
tamen timebat	cependant il craignait
moram ejus rei	le retard de cette opération
longinquitatemque	et la longueur
temporis	du temps,
quod,	parce que,
omnibus navibus	tous les vaisseaux
coactis,	ayant été rassemblés *par Pompée,*
Pompeius ademerat	Pompée *lui* avait ôté
facultatem præsentem	la faculté présente
insequendi sui.	de poursuivre lui.
Relinquebatur	*Ceci* était laissé (restait)
ut naves	*savoir* que des vaisseaux
essent exspectandæ	devaient être attendus
ex regionibus	des contrées
longinquioribus	trop-éloignées
Galliæ Picenique	de la Gaule et du Picénum
et a freto.	et du détroit,
Id videbatur	Cela paraissait
longum atque impeditum	long et difficile
propter tempus anni.	à cause du temps de l'année.
Interea nolebat	Cependant il ne-voulait-pas
veterem exercitum,	la vieille armée,
duas Hispanias	ni les deux Espagnes
confirmari	s'affermir
(quarum altera	(dont l'une
erat devincta Pompeio	était attachée à Pompée
maximis beneficiis),	par les plus grands bienfaits),

vincta), auxilia, equitatum parari, Galliam Italiamque tentari, se absente, nolebat.

XXX. Itaque in præsentia Pompeii insequendi rationem omittit; in Hispaniam proficisci constituit; duumviris municipiorum omnium imperat, ut naves conquirant, Brundisiumque deducendas curent. Mittit in Sardiniam cum legione una Valerium legatum; in Siciliam Curionem propraetorem cum legionibus quatuor; eumdem, quum Siciliam recepisset, protinus in Africam transducere exercitum jubet. Sardiniam obtinebat M. Cotta, Siciliam M. Cato, Africam sorte Tubero obtinere debebat. Caralitani, simul ad se Valerium mitti audierunt, nondum profecto ex Italia, sua sponte ex oppido Cottam ejiciunt. Ille perterritus, quod omnem provinciam consentire intelligeret, ex Sardinia in Africam profugit. Cato

que l'on rassemblât des auxiliaires et de la cavalerie, ni que l'on intriguât, en son absence, dans la Gaule et dans l'Italie.

XXX. Il abandonne donc pour l'instant le projet de suivre Pompée, et se détermine à passer en Espagne. Cependant il ordonne aux duumvirs de toutes les villes maritimes de chercher des vaisseaux et de les envoyer à Brindes. Il envoie en Sardaigne son lieutenant Valérius avec une légion, le propréteur Curion en Sicile avec quatre, lui enjoignant, dès qu'il en sera maître, de passer en Afrique avec son armée. M. Cotta commandait en Sardaigne, M. Caton en Sicile; le sort avait donné l'Afrique à Tubéron. Valérius était encore en Italie quand les Caralitains, apprenant qu'on le leur envoyait, chassèrent d'eux-mêmes Cotta, qui, tout effrayé, parce qu'il savait que l'île entière pensait comme eux, s'enfuit de Sardaigne en Afrique. Caton ré-

auxilia, equitatum parari,	ni des secours, de la cavalerie être préparés,
Galliam Italiamque tentari,	ni la Gaule et l'Italie être travaillées,
se absente.	lui (César) *étant* absent.
XXX. Itaque omittit rationem insequendi Pompeii in præsentia;	XXX. C'est-pourquoi il abandonne le projet de poursuivre Pompée pour le moment;
constituit proficsci in Hispaniam;	il se décide à partir pour l'Espagne;
imperat duumviris omnium municipiorum, ut conquirant naves, curentque deducendas Brundisium.	il commande aux duumvirs de tous les municipes, qu'ils cherchent des vaisseaux, et prennent-soin de *les* faire-conduire à Brindes.
Mittit Valerium legatum in Sardiniam cum una legione;	Il envoie Valérius *son* lieutenant en Sardaigne avec une-seule légion;
in Siciliam propraetorem Curionem cum quatuor legionibus;	en Sicile le propréteur Curion avec quatre légions;
jubet eumdem transducere exercitum in Africam protinus, quum recepisset Siciliam.	il ordonne le même *Curion* faire-passer son armée en Afrique aussitôt, lorsqu'il aurait recouvré la Sicile.
M. Cotta obtinebat Sardiniam,	M. Cotta occupait la Sardaigne,
M. Cato Siciliam,	M. Caton *gardait* la Sicile,
Tubero debebat obtinere sorte Africam.	Tubéron devait occuper par le sort l'Afrique.
Caralitani, simul audierunt Valerium mitti ad se, nondum profecto ex Italia, ejiciunt sua sponte Cottam ex oppido.	Les Caralitains, en-même-temps-qu'ils apprirent Valérius être envoyé vers eux, *celui-ci* n'étant-pas-encore parti de l'Italie, chassent de leur *propre* mouvement Cotta hors de la ville.
Ille perterritus, quod intelligeret omnem provinciam consentire, profugit ex Sardinia in Africam.	Celui-ci effrayé, parce qu'il comprenait toute la province être d'accord, s'enfuit de la Sardaigne en Afrique.
Cato in Sicilia	Caton en Sicile

in Sicilia naves longas veteres reficiebat, novas civitatibus imperabat. Hæc magno studio agebat. In Lucanis Bruttiisque per legatos suos civium Romanorum dilectus habebat : equitum peditumque certum numerum a civitatibus Siciliæ exigebat. Quibus rebus pæne perfectis, adventu Curionis cognito, queritur in concione, sese projectum ac proditum a Cn. Pompeio, qui, omnibus rebus imparatissimus, non necessarium bellum suscepisset, et, ab se reliquisque in senatu interrogatus, omnia sibi esse ad bellum apta ac parata confirmavisset. Hæc in concione questus, ex provincia fugit.

XXXI. Nacti vacuas ab imperiis Sardiniam Valerius, Curio Siciliam, cum exercitibus eo perveniunt. Tubero, quum in Africam venisset, invenit in provincia cum imperio

parait de vieilles galères en Sicile : il avait ordonné aux cités d'en construire, pressait vivement les travaux, faisait par ses lieutenants des levées de citoyens romains dans la Lucanie et le Bruttium, exigeait des cités un certain nombre de cavaliers et de fantassins, et tout allait être prêt, quand il apprit l'arrivée de Curion. Il assemble le peuple, il se plaint hautement « d'avoir été abandonné, trahi par Pompée qui, n'ayant absolument rien de prêt, avait sans nécessité commencé la guerre et qui, questionné par lui-même et par d'autres, avait, en plein sénat, assuré qu'il avait tout disposé, tout préparé pour entrer en campagne. »

XXXI. Ainsi Curion et Valérius, en abordant en Sardaigne et en Sicile, les trouvèrent sans commandants. Tubéron, arrivant en Afrique, trouva sa province sous les ordres d'Attius Varus, qui,

reficiebat	réparait
veteres naves longas,	de vieux vaisseaux longs,
imperabat novas	en commandait de nouveaux
civitatibus.	aux cités.
Agebat hæc	Il faisait ces choses
magno studio.	avec un grand zèle.
Habebat dilectus	Il avait (faisait) des levées
civium Romanorum	de citoyens romains
per suos legatos	par ses lieutenants
in Lucanis Bruttiisque :	chez les Lucaniens et les Bruttiens :
exigebat	il exigeait
a civitatibus Siciliæ	des cités de la Sicile
certum numerum	un certain nombre
equitum peditumque.	de cavaliers et de fantassins.
Quibus rebus	Lesquelles choses
perfectis pæne,	étant achevées à-peu-près,
adventu Curionis cognito,	l'arrivée de Curion étant connue,
queritur in concione	il se plaint en assemblée
sese projectum	lui-même *avoir été* abandonné
ac proditum	et trahi
a Cn. Pompeio,	par Cn. Pompée,
qui, imparatissimus	qui, le plus dépourvu
omnibus rebus,	de toutes choses,
suscepisset bellum	avait entrepris une guerre
non necessarium,	non nécessaire,
et, interrogatus	et *qui*, interrogé
ab se	par lui (Caton)
reliquisque	et *par tous* les autres
in senatu,	dans le sénat,
confirmavisset	avait assuré
omnia sibi	toutes choses à lui
esse apta ac parata	être disposées et prêtes
ad bellum.	pour la guerre.
Questus hæc	S'étant plaint de ces choses
in concione,	en assemblée,
fugit ex provincia.	il s'enfuit de la province.
XXXI. Nacti	XXXI. Ayant trouvé
vacuas	*ces deux provinces* vacantes
ab imperiis	de gouvernements
Valerius Sardiniam,	Valérius, la Sardaigne,
Curio Siciliam,	Curion, la Sicile,
perveniunt eo	ils arrivent là
cum exercitibus.	avec *leurs* armées.
Tubero,	Tubéron,
quum venisset in Africam,	lorsqu'il fut venu en Afrique,
invenit in provincia	trouva dans la province
cum imperio	avec l'autorité

Attium Varum, qui ad Auximum, ut supra demonstravimus, amissis cohortibus, protinus ex fuga in Africam pervenerat atque eam sua sponte vacuam occupaverat, dilectu sue habito duas legiones effecerat, hominum et locorum notitia et usu ejus provinciæ nactus aditus ad ea conanda, quod paucis ante annis ex prætura eam provinciam obtinuerat. Hic venientem Uticam navibus Tuberonem portu atque oppido prohibet, neque affectum valetudine filium exponere in terram patitur; sed sublatis ancoris excedere eo loco cogit.

XXXII. Ilis rebus confectis, Cæsar, ut reliquum tempus a labore intermitteretur, milites in proxima municipia deducit: ipse ad urbem proficiscitur. Coacto senatu, injurias inimicorum commemorat, docet, se nullum extraordinarium honorem appetisse, sed exspectato legitimo tempore con-

fuyant, comme on l'a vu, d'Auximum après avoir perdu ses cohortes, avait aussitôt passé en Afrique : n'y trouvant personne, il s'y était établi de son chef, avait fait des levées et formé deux légions. Ce qui avait facilité ses opérations, c'est qu'il connaissait les hommes, les lieux et les usages du pays, en ayant été gouverneur après sa préture. Il ne permit l'entrée ni du port ni de la ville d'Utique à Tubéron, qui s'y présenta, ne souffrit pas même qu'il mit à terre son fils malade, et le força de lever l'ancre et de s'éloigner.

XXXII. Ayant mis ordre à tout, César, pour donner quelque repos à ses troupes, les cantonne dans les villes voisines, et part lui-même pour Rome. « Il retrace au sénat assemblé ce qu'il a souffert de ses ennemis; il fait voir qu'il n'a brigué aucun honneur extraordinaire, et qu'en attendant l'époque légale d'un nouveau consulat, i.

Attium Varum,	Attius Varus,
qui, ad Auximum,	qui, près d'Auximum,
ut demonstravimus supra,	comme nous l'avons montré plus haut,
cohortibus amissis,	ses cohortes étant perdues,
protinus ex fuga	aussitôt après sa fuite
pervenerat in Africam	s'était rendu en Afrique
atque occupaverat	et s'était emparé
sua sponte	de son *propre* mouvement
eam vacuam,	de cette *province* vacante,
dilectuque habito	et une levée ayant été faite
effecerat duas legiones,	avait formé deux légions,
nactus notitia	ayant trouvé par *sa* connaissance
hominum et locorum	des hommes et des lieux
et usu	et par l'expérience *qu'il avait*
ejus provinciæ	de cette province
aditus ad conanda ea,	des facilités pour tenter ces choses,
quod paucis annis ante	parce que peu-d'années auparavant
ex prætura	au-sortir-de sa préture
obtinuerat eam provinciam.	il avait obtenu cette province.
Hic prohibet	Celui-ci (Attius) coupe
portu atque oppido	du port et de la ville
Tuberonem venientem	Tubéron qui-venait
Uticam navibus,	à Utique avec des vaisseaux,
neque patitur	et il ne souffre pas (ne laisse pas)
exponere in terram	*lui* mettre à terre
filium affectum valetudine;	son fils atteint de maladie;
sed cogit	mais il *le* force
excedere eo loco	de s'éloigner de ce lieu
ancoris sublatis.	les ancres étant levées.
XXXII. His rebus	XXXII. Ces choses
confectis,	étant terminées,
Cæsar,	César,
ut reliquum tempus	pour que le reste-du temps
intermitteretur a labore,	fût laissé-libre de travail,
deducit milites	conduit ses soldats
in municipia proxima :	dans les municipes voisins :
ipse proficiscitur	lui-même part
ad Urbem.	pour la ville (Rome).
Senatu coacto,	Le sénat ayant été assemblé,
commemorat	il rappelle
injurias inimicorum.	les injures de *ses* ennemis,
docet se appetisse	il apprend lui n'avoir convoité
nullum honorem	aucun honneur
extraordinarium,	extraordinaire,
sed tempore legitimo	mais le temps légal
consulatus	de son consulat
exspectato,	ayant été attendu,

sulatus, eo fuisse contentum, quod omnibus civibus pateret: latum ab decem tribunis plebis, contradicentibus inimicis, Catone vero acerrime repugnante, et, pristina consuetudine, dicendi mora diem extrahente, ut sui ratio absentis haberetur, ipso consule Pompeio : qui si improbasset, cur ferri passus esset? sin probasset, cur se uti populi beneficio prohibuisset? Patientiam proponit suam, quum de exercitibus dimittendis ultro postulavisset; in quo jacturam dignitatis atque honoris ipse facturus esset. Acerbitatem inimicorum docet, qui, quod ab altero postularent, in se recusarent atque omnia permisceri mallent, quam imperium exercitusque dimittere. Injuriam in eripiendis legionibus prædicat : crudelitatem et insolentiam in circumscribendis tribunis plebis, conditiones a se latas, et expetita colloquia et denegata, commemorat.

s'était contenté des droits communs à tous les citoyens. Malgré les efforts de ses ennemis et la violente opposition de Caton, qui, suivant une ancienne tactique, consumait la journée en discours, dix tribuns du peuple avaient ordonné que, dans les comices, on aurait égard à lui, quoique absent, et cela sous le consulat de Pompée lui-même. Si Pompée l'improuvait, pourquoi le souffrait-il? S'il l'avait approuvé, pourquoi voulait-il l'empêcher de jouir des bienfaits du peuple? Il avait, lui, prouvé sa modération en demandant le licenciement des armées, mesure qui lui ôtait de la considération et du pouvoir. Il démontre la farouche injustice de ses ennemis, qui lui refusaient ce qu'ils exigeaient d'un autre, aimant mieux voir bouleverser tout que de se dessaisir des armées et de l'autorité. Il relève la mauvaise foi avec laquelle on lui a enlevé deux légions, et la rigueur inouïe déployée contre les tribuns du peuple. Il rappelle ses propositions, et combien de fois il a sollicité sans fruit une entrevue. D'après tout

fuisse contentum	lui avoir été content (s'être contenté)
eo quod pateret	de ce qui était-licite
omnibus civibus:	à tous les citoyens :
latum	ceci avoir *été* proposé
ab decem tribunis plebis,	par dix tribuns du peuple,
inimicis contradicentibus,	*ses* ennemis *les* contredisant,
Catone vero	Caton de-son-côté
repugnante acerrime,	s'opposant très-violemment,
et, pristina consuetudine,	et, selon une ancienne habitude,
extrahente diem	prolongeant la journée
mora dicendi,	par le temps de discourir,
ut ratio haberetur	que compte fût tenu
sui absentis,	de lui (César) absent,
Pompeio ipso consule :	Pompée lui-même *étant* consul :
qui si improbasset,	lequel (Pompée) s'il *l*'avait improuvé,
cur passus esset	pourquoi avait-il souffert
ferri ?	*cela* être proposé ?
sin probasset,	si-au-contraire il *l*'avait approuvé,
cur prohibuisset	pourquoi avait-il empêché
se uti	lui (César) profiter
beneficio populi ?	du bienfait du peuple ?
Proponit suam patientiam,	Il fait-voir sa patience,
quum postulavisset	lorsqu'il avait fait-des-instances
ultro	de-lui-même
de dimittendis exercitibus ;	pour renvoyer les armées ;
in quo ipse	en quoi lui-même
facturus esset jacturam	il aurait fait une perte
dignitatis atque honoris.	de dignité et d'honneur.
Docet acerbitatem	Il montre la haine
inimicorum,	de ses ennemis,
qui recusarent in se	qui refusaient envers lui
quod postularent	ce qu'ils exigeaient
ab altero,	d'un autre,
atque mallent	et *qui* aimaient-mieux
omnia permisceri,	tout être bouleversé,
quam dimittere	que de se-dessaisir
imperium exercitusque.	du pouvoir et des armées.
Prædicat injuriam	Il relève l'injure *qu*'on *lui a faite*
in eripiendis legionibus :	en *lui* enlevant *ses* légions ;
commemorat	il rappelle
crudelitatem et insolentiam	la rigueur et l'insolence
in circumscribendis	*déployées* à entraver
tribunis plebis,	les tribuns du peuple,
conditiones latas a se,	les conditions proposées par lui,
et colloquia	et les conférences
expetita	demandées *par lui*
et denegata.	et refusées *par ses ennemis*.

Pro quibus rebus orat ac postulat, rempublicam suscipiant atque una secum administrent : sin timore defugiant, illis se oneri non futurum et per se rempublicam administraturum. Legatos ad Pompeium de compositione mitti oportere : neque se reformidare, quod in senatu paullo ante Pompeius dixisset, ad quos legati mitterentur, iis auctoritatem attribui, timoremque eorum, qui mitterent, significari : tenuis atque infirmi hæc animi videri : se vero, ut operibus anteire studuerit, sic justitia et æquitate velle superare.

XXXIII. Probat rem senatus de mittendis legatis ; sed, qui mitterentur, non reperiebantur, maximeque timoris causa pro se quisque id munus legationis recusabat. Pompeius enim discedens ab urbe in senatu dixerat, eodem se habiturum loco, qui Romæ remansissent et qui in castris Cæsaris fuissent. Sic triduum disputationibus excusationibusque extra-

cela, il prie, il conjure les sénateurs de prendre les rênes de l'État et de le gouverner de concert avec lui : s'ils y répugnent par crainte, il ne leur sera point à charge et gouvernera seul. Il fallait députer à Pompée pour un arrangement: il s'embarrassait peu de ce que Pompée avait dit naguères dans le sénat, que, députer à quelqu'un, c'était reconnaître son autorité et montrer de la frayeur ; cette idée était d'un esprit étroit et faible : pour lui, comme il avait tâché d'être le premier par ses exploits, il voulait aussi l'être en droiture et en équité. »

XXXIII. Le sénat fut d'avis d'envoyer des députés, mais personne ne voulait l'être : c'était surtout la peur qui faisait refuser cette mission. Car, à son départ, Pompée avait déclaré dans le sénat, « qu'il verrait du même œil ceux qui resteraient à Rome et ceux qui seraient dans le camp de César. » Ainsi l'on perdit trois jours à contester et à s'excuser. Les ennemis de César suscitent en outre L. Métellus, tribun du peuple, pour traîner les choses en longueur,

Pro quibus rebus	Pour lesquelles choses
orat ac postulat,	il prie et demande
suscipiant rempublicam	qu'ils prennent-en-main la république
atque administrent	et la gouvernent
una secum :	ensemble avec-lui :
sin defugiant timore,	mais-s'ils fuient ce devoir par crainte,
se non futurum	lui ne devoir pas être
oneri illis	à charge à eux
et administraturum per se	et devoir gouverner par lui-même
rempublicam.	la république.
Oportere legatos	Falloir des députés
mitti ad Pompeium	être envoyés à Pompée
de compositione :	touchant un arrangement :
neque se reformidare	et lui ne pas redouter
quod Pompeius dixisset	ce que Pompée avait dit
paullo ante in senatu,	peu-de temps avant dans le sénat,
auctoritatem attribui	l'autorité être attribuée
iis ad quos	à ceux vers qui
legati mitterentur,	des députés étaient envoyés,
timoremque	et la crainte
eorum qui mitterent	de ceux qui envoyaient des députés
significari :	être marquée par là :
hæc videri	ces idées sembler
animi tenuis atque infirmi :	d'un esprit étroit et faible :
se vero, ut studuerit	mais lui, comme il s'est efforcé
anteire operibus,	de l'emporter par ses travaux,
sic velle superare	ainsi vouloir être-supérieur
justitia et æquitate.	en justice et en équité.
XXXIII. Senatus	XXXIII. Le sénat
probat rem	approuve la chose
de mittendis legatis ;	pour ce qui est d'envoyer des députés ;
sed qui mitterentur	mais ceux qui seraient envoyés
non reperiebantur,	ne se trouvaient point,
quisque que recusabat	et chacun refusait
id munus legationis	cette fonction d'ambassade
pro se	pour soi
maxime causa timoris.	surtout par un motif de crainte.
Pompeius enim	Car Pompée
discedens ab urbe	s'éloignant de la ville
dixerat in senatu,	avait dit dans le sénat,
se habiturum eodem loco,	lui devoir tenir au même rang
qui remansissent Romæ	ceux qui seraient restés à Rome
et qui fuissent	et ceux qui auraient été
in castris Cæsaris.	dans le camp de César.
Sic triduum extrahitur	Ainsi trois-jours se traînent
disputationibus	en contestations
excusationibusque.	et en excuses.

hitur. Subjicitur etiam L. Metellus tribunus plebis ab inimicis Cæsaris, qui hanc rem distrahat reliquasque res, quascumque agere instituerit, impediat. Cujus cognito consilio, Cæsar, frustra diebus aliquot consumptis, ne reliquum tempus omittat, infectis iis, quæ agere destinaverat, ab urbe proficiscitur atque in ulteriorem Galliam pervenit.

XXXIV. Quo quum venisset, cognoscit, missum in Hispaniam a Pompeio Vibullium Rufum, quem paucis ante diebus Corfinio captum ipse dimiserat : profectum item Domitium ad occupandam Massiliam navibus actuariis septem, quas Igilii et in Cosano a privatis coactas servis, libertis, colonis suis compleverat : præmissos etiam legatos Massilienses domum, nobiles adolescentes, quos ab urbe discedens Pompeius erat adhortatus, ne nova Cæsaris officia veterum suorum beneficiorum in eos memoriam expellerent. Quibus

et pour entraver tout ce qu'il avait dessein de faire. Devinant ce projet, César, après avoir perdu quelques jours, et pour n'en pas perdre davantage, part de Rome, sans avoir rien fait de ce qu'il se proposait, et vient dans la Gaule ultérieure.

XXXIV. Il y apprit que Vibullius Rufus, qu'il avait peu de jours avant relâché à Corfinium, avait été envoyé par Pompée en Espagne, et que Domitius était également parti pour s'emparer de Marseille, avec sept bâtiments légers, pris à des particuliers d'Igilium et de la baie de Cosa, et remplis d'esclaves, d'affranchis, de colons à lui, et qu'il avait été précédé dans cette ville par des jeunes gens des premières familles, que Pompée, en quittant Rome, y avait députés en les exhortant à ne pas oublier ses anciens bienfaits en faveur des

Etiam L. Metellus,	En-outre L. Métellus,
tribunus plebis,	tribun du peuple,
subjicitur	est suborné
ab inimicis Cæsaris,	par les ennemis de César,
qui distrahat	lequel (pour qu'il) traîne-en-longueur
hanc rem	cette affaire
impediatque reliquas res,	et entrave le reste-des choses,
quascumque instituerit	qu'il (César) a résolu
agere.	de faire.
Cujus consilio cognito,	Duquel (Métellus) le projet étant connu,
Cæsar, aliquot diebus	César, quelques jours
consumptis frustra,	ayant été consumés en-vain,
ne omittat reliquum tempus,	pour qu'il ne perde pas le reste-du temps,
iis infectis,	ces choses n'-étant-pas-faites,
quæ destinaverat agere,	qu'il avait arrêté de faire,
proficiscitur ab urbe	part de la ville
atque pervenit	et vient
in Galliam ulteriorem.	dans la Gaule ultérieure.
XXXIV. Quo	XXXIV. Où
quum venisset,	lorsqu'il fut arrivé,
cognoscit	il apprend
Vibullium Rufum	Vibullius Rufus
missum a Pompeio	avoir été envoyé par Pompée
in Hispaniam,	en Espagne,
quem captum	lequel (Vibullius) pris
paucis diebus ante	peu-de jours auparavant
dimiserat Corfinio :	il avait renvoyé de Corfinium :
Item Domitium profectum	de-même Domitius être parti
ad occupandam Massiliam	pour s'emparer de Marseille
septem navibus actuariis,	avec sept bâtiments légers,
quas coactas a privatis	lesquels pris-de-force à des particuliers
Igilii et in Cosano	d'Igilium et dans le *territoire* de-Cosa
compleverat servis,	il avait remplis d'esclaves,
libertis, colonis suis :	d'affranchis, de colons à-lui :
etiam legatos Massilienses	de-plus des députés marseillais
præmissos	avoir été envoyés-d'avance
domum,	à la maison (à Marseille),
adolescentes nobiles,	jeunes-gens nobles,
quos Pompeius	que Pompée
discedens ab urbe	s'éloignant de la ville
adhortatus erat,	avait exhortés,
ne nova beneficia	afin que les nouveaux bienfaits
Cæsaris	de César
expellerent	ne bannissent pas
memoriam	le souvenir
suorum veterum beneficiorum	de ses anciens bienfaits
in eos.	envers eux.

mandatis acceptis, Massilienses portas Cæsari clauserant : Albicos, barbaros homines, qui in eorum fide antiquitus erant montesque supra Massiliam incolebant, ad se vocaverant : frumentum ex finitimis regionibus atque ex omnibus castellis in urbem convexerant : armorum officinas in urbe instituerant : muros, classem, portas reficiebant.

XXXV. Evocat ad se Cæsar Massiliensium quindecim primos : cum his agit, ne initium inferendi belli ab Massiliensibus oriatur : debere eos Italiæ totius auctoritatem sequi potius, quam unius hominis voluntati obtemperare : reliquaque, quæ ad eorum sanandas mentes pertinere arbitrabatur, commemorat. Cujus orationem legati domum referunt ; atque ex auctoritate hæc Cæsari renunciant : intelligere se, divisum esse populum Romanum in partes duas ; neque sui judicii, neque suarum esse virium, decernere, utra pars justiorem habeat causam : principes vero esse earum partium Cn. Pom-

services récents de César. Les Marseillais avaient, d'après cela, fermé leurs portes à César, et fait venir des montagnes au-dessus de leur ville les Albiques, peuple barbare, de tout temps leur allié. Ils avaient transporté du blé dans leurs murs de toutes les petites places et des contrées voisines, établi des ateliers d'armes, et réparaient leurs remparts, leurs portes et leur flotte.

XXXV. César mande quinze des principaux et les exhorte à ne pas commencer les hostilités. Ils devraient plutôt suivre l'exemple de l'Italie, que de déférer à la volonté d'un seul homme. Il leur dit au surplus tout ce qu'il croit propre à leur guérir l'esprit. Les députés vont rendre compte de la conférence et reviennent chargés de lui dire : « Que les Marseillais voyaient que le peuple romain formait deux partis ; qu'ils n'avaient ni qualité ni pouvoirs pour décider quelle était la cause la plus juste : mais comme les chefs de ces par-

Quibus mandatis acceptis,	Lesquelles commissions étant reçues,
Massilienses	les Marseillais
clauserant portas	avaient fermé *leurs* portes
Cæsari :	à César :
vocaverant ad se	ils avaient appelé à eux
Albicos, homines barbaros,	les Albiques, hommes barbares,
qui erant antiquitus	qui étaient depuis-longtemps
in fide eorum	dans l'alliance d'eux
incolebantque montes	et habitaient les montagnes
supra Massiliam :	au-dessus de Marseille :
convexerant frumentum	ils avaient transporté du blé
in urbem	dans la ville
ex regionibus finitimis	des contrées voisines
atque ex omnibus castellis :	et de tous les forts :
instituerant in urbe	ils avaient établi dans la ville
officinas armorum :	des ateliers d'armes ;
reficiebant muros,	ils réparaient les murs,
classem, portas.	la flotte, les portes.
XXXV. Cæsar	XXXV. César
evocat ad se	mande vers lui
quindecim primos	les quinze premiers (principaux)
Massiliensium :	des Marseillais :
agit cum his,	il traite avec eux,
ne initium	pour que l'initiative
inferendi belli	de déclarer la guerre
oriatur ab Massiliensibus :	ne vienne pas des Marseillais :
eos debere sequi	*disant* eux devoir suivre
auctoritatem Italiæ totius	l'autorité de l'Italie entière
potius quam obtemperare	plutôt que de déférer
voluntati unius :	à la volonté d'un-seul :
commemoratque reliqua,	et il mentionne les autres *considérations*,
quæ arbitrabatur pertinere	qu'il pensait tendre
ad sanandas mentes eorum.	à guérir les esprits d'eux.
Legati	Les députés
referunt domum	rapportent à la maison (à Marseille)
orationem cujus ;	le discours de lui ;
atque renunciant hæc	et ils reportent ces *paroles*
Cæsari ex auctoritate :	à César d'après la décision *des leurs* :
se intelligere	eux comprendre
populum Romanum	le peuple romain
esse divisum	être divisé
in duas partes ;	en deux partis ;
esse neque sui judicii,	*cela* n'être ni de leur discernement,
neque suarum virium,	ni de leurs forces,
decernere utra pars	de décider lequel-des-deux partis
habeat causam justiorem :	a la cause la plus juste :
principes vero	mais les chefs

peium et C. Cæsarem, patronos civitatis; quorum alter agros Volcarum Arecomicorum et Helviorum publice iis concesserit; alter bello victas Gallias attribuerit vectigaliaque auxerit. Quare paribus eorum beneficiis parem se quoque voluntatem tribuere debere et neutrum eorum contra alterum juvare, aut urbe aut portibus recipere.

XXXVI. Hæc dum inter eos aguntur, Domitius navibus Massiliam pervenit, atque, ab iis receptus, urbi præficitur. Summa ei belli administrandi permittitur. Ejus imperio classem quoquoversus dimittunt : onerarias naves, quas ubique possunt, deprehendunt atque in portum deducunt : parum clavis aut materia atque armamentis instructis ad reliquas armandas reficiendasque utuntur . frumenti quod inventum est, in publicum conferunt : reliquas merces commeatusque

tis étaient Cn. Pompée et C. César, les deux patrons de leur cité, dont un leur avait authentiquement concédé les terres des Helviens et des Volques Arécomiques, dont l'autre, après la conquête de la Gaule, avait augmenté leur territoire et leurs revenus; les Marseillais, également redevables envers eux, leur devaient une affection égale et ne pouvaient ni favoriser l'un aux dépens de l'autre, ni le recevoir dans leur ville et dans leurs ports. »

XXXVI. Pendant ces pourparlers, Domitius arrive par mer : on le reçoit, on lui donne le commandement de la ville et la direction absolue de la guerre. Par ses ordres, leur flotte vogue de tous côtés, arrête et conduit dans le port tous les vaisseaux marchands qu'elle peut trouver ; on se sert des clous, du bois, des agrès de ceux qui sont en mauvais état, pour équiper, réparer les autres. On met le blé dans les magasins publics : on serre le surplus des denrées et des

earum partium	de ces *deux* partis
esse Cn. Pompeium	être Cn. Pompée
et C. Cæsarem,	et C. César,
patronos civitatis;	*tous deux* patrons de *leur* cité ;
quorum alter	dont l'un
concesserit iis publice	a concédé à eux authentiquement
agros	les terres
Volcarum Arecomicorum	des Volques Arécomiques
et Helviorum;	et des Helviens;
alter attribuerit	et l'autre a attribué *à eux*
Gallias victas bello	les Gaules vaincues par la guerre
auxeritque vectigalia.	et a augmenté *leurs* revenus.
Quare se debere quoque	En-conséquence eux devoir aussi
tribuere parem voluntatem	accorder une égale affection
beneficiis paribus eorum	aux bienfaits égaux d'eux (de tous deux)
et juvare	et n'aider
neutrum eorum	ni-l'un-ni-l'autre d'eux
contra alterum,	contre l'autre,
aut recipere urbe	ou (ni) recevoir dans *leur* ville
aut portibus.	ou dans *leurs* ports aucun des deux.
XXXVI. Dum hæc	XXXVI. Tandis que ces choses
aguntur inter eos,	se traitent entre eux,
Domitius pervenit	Domitius arrive
Massiliam navibus,	à Marseille avec des vaisseaux,
atque receptus ab iis,	et, reçu par eux,
præficitur urbi.	il est mis-à-la-tête de la ville.
Summa	L'ensemble
belli administrandi	de la guerre à-conduire
permittitur ei.	est confié à lui.
Imperio ejus	Par le commandement de lui
dimittunt classem	ils envoient *leur* flotte
quoquoversus;	de-côté-et-d'autre;
deprehendunt	Ils saisissent
atque deducunt in portum	et conduisent dans le port
naves onerarias,	les bâtiments de-charge,
quas possunt ubique.	qu'ils peuvent *saisir* partout.
Utuntur	Ils se servent
parum instructis	des *vaisseaux* peu pourvus
clavis aut materia	de clous ou de bois
atque armamentis	et d'agrès
ad armandas reficiendasque	pour armer et réparer
reliquas :	le reste-des *navires* :
conferunt in publicum	ils portent dans le *grenier* public
quod inventum est frumenti:	ce qui a été trouvé de blé :
reservant	ils mettent-en-réserve
reliquas merces	le reste-des marchandises
commeatusque	et des denrées

ad obsidionem urbis, si accidat, reservant. Quibus injuriis permotus Cæsar, legiones tres Massiliam adducit; turres vineasque ad oppugnationem urbis agere, naves longas Arelate numero duodecim facere instituit. Quibus effectis armatisque diebus triginta, a qua die materia cæsa est, adductisque Massiliam, his D. Brutum præficit : C. Trebonium legatum ad oppugnationem Massiliæ relinquit.

XXXVII. Dum hæc parat atque administrat, C. Fabium legatum cum legionibus tribus, quas Narbone circumque ea loca hiemandi causa disposuerat, in Hispaniam præmittit, celeriterque Pyrenæos saltus occupari jubet, qui eo tempore ab L. Afranio legato præsidiis tenebantur: reliquas legiones, quæ longius hiemabant, subsequi jubet. Fabius, ut erat im-

marchandises, pour s'en servir en cas de siége. Piqué de tant de mauvaise foi, César amène trois légions devant Marseille : il fait travailler à des tours et à des mantelets de siége, et commande à Arles douze galères qui furent faites et équipées en trente jours, à dater de celui où le bois fut coupé. On les conduisit à Marseille et D. Brutus en prit le commandement : le lieutenant C. Trébonius eût celui du siége.

XXXVII. Tandis que César faisait ces dispositions, C. Fabius s'avançait vers l'Espagne avec trois légions, qui avaient pris leurs quartiers d'hiver à Narbonne et dans le voisinage ; il devait s'emparer brusquement des gorges des Pyrénées, que faisait garder L. Afranius, lieutenant de Pompée. Deux autres légions qui hivernaient plus loin, eurent ordre de le suivre. Fabius, suivant ses instructions, fait

ad obsidionem urbis,	pour le siége de la ville,
si accidat.	si ce siége arrive.
Quibus injuriis	Desquelles injustices
Cæsar permotus,	César piqué,
adducit Massiliam	amène à Marseille
tres legiones;	trois légions :
instituit agere	il commence à pousser
turres vineasque	des tours et des mantelets
ad oppugnationem urbis	pour le siége de la ville,
facere Arelate	à faire-construire à Arles
naves longas	des vaisseaux longs
duodecim numero.	douze en nombre.
Quibus	Lesquels *vaisseaux*
effectis armatisque	étant achevés et armées
triginta diebus,	en trente jours,
a die qua	à-partir-du jour où
materia cæsa est,	le bois fut coupé,
adductisque Massiliam,	et étant amenés à Marseille,
præficit his	il met-à-la-tête d'eux
D. Brutum :	D. Brutus :
relinquit legatum	il laisse *son* lieutenant
C. Trebonium	C. Trébonius
ad oppugnationem	pour le siége
Massiliæ.	de Marseille.
XXXVII. Dum parat	XXXVII. Tandis qu'il dispose
atque administrat hæc,	et dirige ces *préparatifs*,
præmittit	il envoie-d'avance
in Hispaniam	en Espagne
legatum	son lieutenant
C. Fabium	C. Fabius
cum tribus legionibus,	avec trois légions,
quas disposuerat	qu'il avait postées
Narbone	à Narbonne
circumque ea loca	et autour de ces lieux
causa hiemandi,	en-vue d'hiverner,
jubetque	et il ordonne
saltus Pyrenæos	les gorges des-Pyrénées
occupari celeriter,	être occupées rapidement,
qui eo tempore	lesquelles en ce temps-là
tenebantur præsidiis	étaient tenues par des garnisons
ab L. Afranio legato :	par L. Afranius lieutenant *de Pompée* :
jubet reliquas legiones,	il ordonne le reste-des légions,
quæ hiemabant longius,	qui hivernaient plus loin,
subsequi.	suivre.
Fabius,	Fabius,
celeritate adhibita,	de la célérité étant déployée,
ut imperatum erat,	comme il *lui* avait été commandé,

peratum, adhibita celeritate, præsidium ex saltu dejecit magnisque itineribus ad exercitum Afranii contendit.

XXXVIII. Adventu L. Vibullii Rufi, quem a Pompeio missum in Hispaniam demonstratum est, Afranius et Petreius et Varro, legati Pompeii, quorum unus tribus legionibus Hispaniam citeriorem; alter a saltu Castulonensi ad Anam duabus legionibus; tertius ab Ana Vettonum agrum Lusitaniamque pari numero legionum obtinebat, officia inter se partiuntur, uti Petreius ex Lusitania per Vettones cum omnibus copiis ad Afranium proficiscatur; Varro cum iis, quas habebat, legionibus omnem ulteriorem Hispaniam tueatur. His rebus constitutis, equites auxiliaque toti Lusitaniæ a Petreio; Celtiberis, Cantabris barbarisque omnibus, qui ad Oceanum pertinent, ab Afranio imperantur. Quibus coactis, celeriter

diligence, culbute les postes des défilés, et marche à grandes journées contre Afranius.

XXXVIII. A l'arrivée de Vibullius, envoyé, comme on l'a dit, par Pompée en Espagne, Afranius, Pétréius et Varron arrêtèrent un plan d'opérations. Le premier commandait trois légions dans l'Espagne citérieure; le second occupait avec deux la Lusitanie et le pays des Vettons jusqu'à l'Ana; le troisième en avait aussi deux entre ce fleuve et les défilés de Castulon. On convint que Pétréius partirait de la Lusitanie avec toutes ses forces pour joindre Afranius, à travers le pays des Vettons, et que Varron avec ses deux légions veillerait sur toute l'Espagne ultérieure. Ce plan arrêté, Pétréius ordonne des levées d'infanterie et de cavalerie dans toute la Lusitanie; Afranius exige des troupes des Celtibères, des Cantabres et de tous les barbares qui bordent l'Océan; et Pétréius, après avoir réuni ses forces,

dejecit ex saltu	culbuta des gorges
præsidium	la garnison
contenditque	et se dirigea
magnis itineribus	à grandes marches
ad exercitum Afranii.	vers l'armée d'Afranius.
XXXVIII. Adventu	XXXVIII. A l'arrivée
L. Vibullii Rufi,	de L. Vibullius Rufus,
quem demonstratum est	lequel il a été montré *plus haut*
missum in Hispaniam	*avoir été* envoyé en Espagne
a Pompeio,	par Pompée,
Afranius et Petreius	Afranius et Pétréius
et Varro,	et Varron,
legati Pompeii,	lieutenants de Pompée,
quorum unus obtinebat	desquels l'un gouvernait
Hispaniam citeriorem	l'Espagne citérieure
tribus legionibus;	avec trois légions;
alter	l'autre
a saltu Castulonensi	*le pays qui s'étend* des défilés de-Castulon
ad Anam	à l'Ana
duabus legionibus;	avec deux légions;
tertius	le troisième
ab Ana	depuis l'Ana
agrum Vettonum	le territoire des Vettons
Lusitaniamque	et la Lusitanie
numero pari legionum,	avec un nombre égal de légions,
partiuntur officia	se partagent les devoirs *du commandement*
inter se,	entre eux
uti Petreius proficiscatur	de-sorte-que Pétréius parte
ex Lusitania	de la Lusitanie
per Vettones	à travers les Vettons
cum omnibus copiis	avec toutes *ses* troupes
ad Afranium;	vers Afranius;
Varro tueatur	*que* Varron protége
omnem Hispaniam	toute l'Espagne
ulteriorem	ultérieure
cum iis legionibus,	avec ces légions,
quas habebat.	qu'il avait.
His rebus constitutis,	Ces choses étant arrêtées,
equites auxiliaque	des cavaliers et des auxiliaires
imperantur a Petreio	sont commandés par Pétréius
Lusitaniæ toti;	à la Lusitanie entière;
ab Afranio Celtiberis,	par Afranius aux Celtibères,
Cantabris	aux Cantabres
omnibusque barbaris	et à tous les barbares,
qui pertinent ad Oceanum.	qui touchent à l'Océan.
Quibus coactis,	Lesquelles *forces* étant rassemblées,
Petreius	Pétréius

Petreius per Vettones ad Afranium pervenit. Constituunt communi consilio, bellum ad Ilerdam, propter ipsius loci opportunitatem, gerere.

XXXIX. Erant, ut supra demonstratum est, legiones Afranii tres, Petreii duæ, præterea scutatæ citerioris provinciæ et cetratæ ulterioris Hispaniæ cohortes circiter octoginta, equitum utriusque provinciæ circiter quinque millia. Cæsar legiones in Hispaniam præmiserat, ad sex millia auxilia peditum, equitum tria millia, quæ omnibus superioribus bellis habuerat, et parem ex Gallia numerum, quem ipse paraverat, nominatim ex omnibus civitatibus nobilissimo et fortissimo quoque evocato; hinc optimi generis hominum ex Aquitanis montanisque, qui Galliam provinciam attingunt. Audierat, Pompeium per Mauritaniam cum legionibus iter in Hispaniam facere confestimque esse venturum : simul a tribunis mili-

s'étant hâté de le joindre, ils conviennent de choisir les environs d'Ilerda pour théâtre de la guerre, vu l'avantage de cette position.

XXXIX. Ils avaient, comme on l'a dit, l'un trois légions, l'autre deux, et de plus quatre-vingts cohortes, partie de l'Espagne citérieure avec de grands boucliers, partie de l'ultérieure avec de petits. Leur cavalerie réunie était d'environ cinq mille hommes. César s'était fait devancer par quatre légions, par six mille auxiliaires, par trois mille hommes de cavalerie, qui avaient servi sous lui dans toutes les anciennes guerres, par un nombre égal de Gaulois, qu'il avait lui-même nominativement désignés parmi les plus nobles et les plus braves de toutes les cités, et de plus par une excellente espèce d'hommes tirés de l'Aquitaine et des montagnes qui touchent à la Gaule romaine. Le bruit ayant couru que Pompée traversait la Mauritanie avec une armée et qu'il était sur le point d'arriver en Espagne, César emprunta

pervenit celeriter	arrive rapidement
per Vettones	à travers les Vettons
ad Afranium.	vers Afranius.
Constituunt	Ils décident
communi consilio	d'un commun avis
gerere bellum	de faire la guerre
ad Ilerdam,	près d'Ilerda,
propter opportunitatem	à-cause-de l'opportunité
loci ipsius.	du lieu même.
XXXIX. Erant,	XXXIX. Il-y-avait,
ut demonstratum est supra,	comme il a été montré plus-haut,
tres legiones Afranii,	trois légions d'Afranius,
duæ Petreii,	deux de Pétréius,
præterea circiter	en-outre environ
octoginta cohortes	quatre-vingts cohortes
scutatæ	*les unes* armées-de-grands-boucliers
provinciæ citerioris	de la province citérieure
cetratæ	et *les autres* armées-de-petits-boucliers
Hispaniæ ulterioris,	de l'Espagne ultérieure,
circiter quinque millia	environ cinq milliers
equitum	de cavaliers
utriusque provinciæ.	de l'une-et-l'autre province.
Cæsar præmiserat	César avait envoyé-en-avant
legiones in Hispaniam,	*ses* légions en Espagne,
auxilia peditum	des secours de fantassins
ad sex millia,	au-nombre-de six mille,
tria millia equitum,	trois milliers de cavaliers,
quæ habuerat	qu'il avait eus
omnibus bellis superioribus,	dans toutes les guerres précédentes,
et parem numerum	et un pareil nombre
ex Gallia,	de la Gaule,
quem ipse paraverat,	lequel lui-même avait levé
quoque nobilissimo	chaque plus noble
et fortissimo	et plus vaillant
evocato nominatim	ayant été mandé nominativement
ex omnibus civitatibus;	de toutes les cités ;
hinc	d'autre-part *des troupes*
optimi generis hominum	de la meilleure espèce d'hommes
ex Aquitanis montanisque,	des Aquitains et des montagnards,
qui attingunt	qui touchent
provinciam Galliam.	à la province *de* Gaule.
Audierat Pompeium	Il avait entendu-dire Pompée
facere iter in Hispaniam	faire route vers l'Espagne
per Mauritaniam	à travers la Mauritanie
cum legionibus	avec des légions
venturumque esse	et devoir arriver
confestim :	incessamment :

tum centurionibusque mutuas pecunias sumpsit : has exercitui distribuit. Quo facto, duas res consecutus est, quod pignore animos centurionum devinxit et largitione redemit militum voluntates.

XL. Fabius finitimarum civitatum animos litteris nunciisque tentabat. In Sicori flumine pontes effecerat duos, inter se distantes millia passuum quatuor. Ilis pontibus pabulatum mittebat ; quod ea, quæ citra flumen fuerant, superioribus diebus consumpserat. Hoc idem fere, atque eadem de causa, Pompeiani exercitus duces faciebant, crebroque inter se equestribus prœliis contendebant. Huc quum quotidiana consuetudine congressæ pabulatoribus præsidio proprio legiones Fabianæ duæ flumen transissent, impedimentaque et omnis equitatus sequeretur : subito vi ventorum et aquæ magnitudine pons

de l'argent aux tribuns des soldats et aux centurions et le fit distribuer à l'armée ; ce qui atteignait le double but de lui procurer un gage de la fidélité des centurions, et de lui assurer l'affection des soldats.

XL. Fabius, par lettres et par agents, essayait de gagner les cités voisines. Il avait jeté deux ponts, à quatre milles l'un de l'autre, sur le Sicoris, au delà duquel il envoyait au fourrage, parce qu'en arrivant il avait consommé ce qu'il y en avait en deçà. Les généraux de Pompée faisaient à peu près de même par le même motif, et souvent la cavelerie en venait aux mains. Un jour, deux légions de Fabius avaient comme à l'ordinaire passé la rivière, pour soutenir les fourrageurs ; toute la cavalerie suivait avec des bagages, quand tout à coup le pont se rompit par la force du vent et des eaux, avant qu'une

simul	en-même-temps
sumpsit pecunias	il prit des sommes-d'argent
mutuas	à-titre-d'emprunt
a tribunis militum	aux tribuns des soldats
centurionibusque :	et aux centurions :
distribuit has exercitui.	il distribua ces *sommes* à l'armée.
Quo facto,	Laquelle chose faite,
consecutus est duas res,	il obtint deux effets,
quod devinxit pignore	*savoir* qu'il s'attacha par un gage
animos centurionum	les esprits des centurions
et redemit largitione	et racheta par des largesses
voluntates militum.	les bonnes-dispositions des soldats.
XL. Fabius tentabat	XL. Fabius travaillait
litteris nunciisque	par des lettres et des messages
animos	les esprits
civitatum finitimarum.	des cités voisines.
In flumine Sicori	Sur la rivière *de* Sicoris
effecerat duos pontes,	il avait fait deux ponts,
distantes inter se	distants entre eux
quatuor millia passuum.	de quatre milliers de pas.
His pontibus	Par ces ponts
mittebat pabulatum ;	il envoyait faire-du-fourrage ;
quod consumpserat	parce qu'il avait consommé
diebus superioribus	les jours précédents
ea quæ fuerant	*les fourrages* qui avaient été
citra flumen.	en-deçà de la rivière.
Duces	Les généraux
exercitus Pompeiani	de l'armée de-Pompée
faciebant hoc idem,	faisaient cette même chose,
atque de eadem causa,	et pour le même motif,
contendebantque crebro	et luttaient fréquemment
inter se	entre eux
prœliis equestribus.	par des combats de-cavalerie.
Quum	Comme
duæ legiones Fabianæ	deux légions de-Fabius
congressæ huc	s'étant avancées là
consuetudine quotidiana	selon l'habitude quotidienne
transissent flumen	avaient passé la rivière
præsidio proprio	pour soutien propre
pabulatoribus,	aux fourrageurs,
impedimentaque	et *que* les bagages
et omnis equitatus	et toute la cavalerie
sequeretur :	suivaient :
pons interruptus est	le pont fut rompu
subito	tout-à-coup
vi ventorum	par la violence des vents
et magnitudine aquæ	et par la masse de l'eau

est interruptus et reliqua multitudo equitum interclusa. Quo cognito a Petreio et Afranio ex aggere atque cratibus, quæ flumine ferebantur, celeriter suo ponte Afranius, quem oppido castrisque conjunctum habebat, legiones quatuor equitatumque omnem transjecit duabusque Fabianis occurrit legionibus. Cujus adventu nunciato, L. Plancus, qui legionibus præerat, necessaria re coactus, locum capit superiorem, diversamque aciem in duas partes constituit, ne ab equitatu circumveniri posset. Ita, congressus impari numero, magnos impetus legionum equitatusque sustinet. Commisso ab equitibus prœlio, signa duarum legionum procul ab utrisque conspiciuntur, quas C. Fabius ulteriore ponte subsidio nostris miserat, suspicatus fore id, quod accidit, ut duces adversariorum occasione et beneficio fortunæ ad nostros opprimendos

grande partie de la cavalerie fût au delà. A la vue des solives et des claies qu'entraînait la rivière, Afranius devine l'accident, passe promptement avec quatre légions et toute sa cavalerie sur un pont qui touchait à la ville et à son camp, et marche contre les deux légions de Fabius. Plancus, qui les commandait, averti de son approche, est réduit à s'emparer d'une hauteur : il fait face de deux côtés, pour que la cavalerie ne le prenne pas à dos, et, malgré l'inégalité du nombre, soutient ainsi les vives attaques des légions et de la cavalerie. Celle-ci avait engagé l'action, quand des deux côtés on découvrit dans le lointain les enseignes de deux légions, que Fabius avait fait marcher au secours des siens par l'autre pont, pensant bien, ce qui était arrivé, que les généraux de Pompée profiteraient de l'occasion et d'une chance si belle pour tomber sur nos troupes. L'ar-

et reliqua multitudo	et le reste de la troupe
equitum	des cavaliers
interclusa.	fut coupé.
Quo cognito	Lequel fait étant reconnu
a Petreio et Afranio	par Pétréius et Afranius
ex aggere atque cratibus,	d'après les matériaux et les claies,
quæ ferebantur flumine,	qui étaient emportés par le courant,
Afranius	Afranius
transjecit celeriter	jeta-au-delà rapidement
quatuor legiones	quatre légions
omnemque equitatum	et toute sa cavalerie
suo ponte,	par son pont,
quem habebat conjunctum	lequel il avait joint
oppido castrisque	à la ville et à son camp
occurritque	et il va-à-la-rencontre
duabus legionibus Fabianis.	des deux légions de-Fabius.
Cujus	Duquel (Afranius)
adventu nunciato,	l'arrivée étant annoncée,
L. Plancus,	L. Plancus,
qui præerat legionibus,	qui commandait les légions,
coactus re necessaria,	forcé par le fait nécessaire (la nécessité),
capit locum superiorem,	s'empare d'un lieu supérieur,
constituitque	et dispose
aciem diversam	sa troupe séparée
in duas partes,	en deux parties,
ne posset	pour qu'il ne pût
circumveniri	être enveloppé
ab equitatu.	par la cavalerie.
Ita, congressus	Ainsi, en-étant-venu-aux-mains
numero impari,	avec un nombre inégal,
sustinet magnos impetus	il soutient les grands chocs
legionum	des légions
equitatusque.	et de la cavalerie.
Prœlio commisso	Le combat ayant été engagé
ab equitibus,	par les cavaliers,
signa duarum legionum	les enseignes de deux légions
conspiciuntur procul	sont aperçues de loin
ab utrisque,	par les-uns-et-les-autres,
quas C. Fabius	lesquelles *légions* C. Fabius
miserat ponte ulteriore	avait envoyées par le pont ultérieur
subsidio nostris,	au secours aux (des) nôtres,
suspicatus id fore,	ayant soupçonné cela devoir être,
quod accidit,	ce qui arriva,
ut duces adversariorum	que les généraux des ennemis
uterentur occasione	profiteraient de l'occasion
et beneficio fortunæ	et du bénéfice de la fortune
ad opprimendos nostros :	pour accabler les nôtres :

uterentur : quarum adventu prœlium dirimitur ac suas uterque legiones reducit in castra.

XLI. Eo biduo Cæsar cum equitibus nongentis, quos sibi præsidio reliquerat, in castra pervenit. Pons, qui fuerat tempestate interruptus, pæne erat refectus : hunc noctu perfici jussit. Ipse, cognita locorum natura, ponti castrisque præsidio sex cohortes relinquit atque omnia impedimenta, et postero die omnibus copiis, triplici instructa acie, ad Ilerdam proficiscitur et sub castris Afranii constitit : et, ibi paullisper sub armis moratus, facit æquo loco pugnandi potestatem. Potestate facta, Afranius copias educit et in medio colle sub castris constituit. Cæsar, ubi cognovit, per Afranium stare, quo minus prœlio dimicaretur, ab infimis radicibus montis, intermissis circiter passibus quadringentis, castra facere constituit : et, ne in opere faciendo milites repentino hostium

rivée de ce renfort mit fin au combat et, de part et d'autre, on rentra dans son camp.

XLI. Deux jours après, arrive César avec neuf cents chevaux, qu'il s'était réservés pour escorte. Il fait achever de nuit le pont, qu'avait rompu l'orage et qui était presque rétabli : puis, ayant reconnu le pays, il laisse six cohortes à la garde du pont, du camp et du bagage, et le lendemain, avec toute son armée formée sur trois lignes, il marche sur Ilerda, se présente devant le camp d'Afranius et y reste quelque temps en bataille, lui offrant ainsi le combat en rase campagne. Afranius fait sortir ses troupes et s'arrête à mi-côte, au-dessous de son camp. César, voyant qu'il ne voulait pas en venir aux mains, résolut de camper à quatre cents pas environ du pied de la colline ; et, pour que les ennemis ne vinssent pas effaroucher et

adventu quarum	par l'arrivée desquelles *légions*
prœlium dirimitur	le combat est terminé
ac uterque	et l'un-et-l'autre *chef*
reducit in castra	ramène dans le camp
suas legiones.	ses légions.
XLI. Eo biduo	XLI. En ces deux-jours
Cæsar pervenit in castra	César arrive au camp
cum nongentis equitibus,	avec neuf-cents cavaliers,
quos reliquerat sibi	qu'il avait laissés à lui-même
præsidio.	pour renfort.
Pons, qui fuerat interruptus	Le pont, qui avait été rompu
tempestate,	par la tempête,
erat pæne refectus :	était presque réparé :
jussit hunc perfici	il ordonna ce *pont* être achevé
noctu.	de-nuit.
Ipse,	Lui-même,
natura locorum cognita,	la nature des lieux étant connue,
relinquit sex cohortes,	laisse six cohortes
præsidio ponti castrisque	pour garnison au pont et au camp
atque omnia impedimenta,	et (ainsi que) tous les bagages,
et die postero	et le jour suivant
proficiscitur ad Ilerdam	part pour Ilerda
omnibus copiis,	avec toutes *ses* troupes,
triplici acie instructa,	un triple corps-de-bataille étant formé,
et constitit	et il s'arrêta
sub castris Afranii :	devant le camp d'Afranius :
et, moratus ibi paullisper	et, ayant séjourné là quelque-temps
sub armis,	sous les armes,
facit potestatem	il fait le pouvoir (offre l'occasion)
pugnandi	de combattre
loco æquo.	dans un lieu uni. [donnée],
Potestate facta,	Ce pouvoir étant fait (cette occasion
Afranius educit copias	Afranius fait-sortir *ses* troupes
et constituit in medio colle	et *les* établit au milieu-de la colline
sub castris.	au-dessous de son camp.
Cæsar, ubi cognovit,	César, dès qu'il connut
stare per Afranium,	cela tenir à Afranius
quo minus dimicaretur	*d'empêcher* que l'on ne décidât-l'affaire
prœlio,	par un combat,
constituit facere castra	résolut de faire un' camp [montagne,
ab infimis radicibus montis,	à-partir-des dernières racines de la
quadringentis passibus	quatre-cents pas
circiter	environ
intermissis :	étant laissés-entre *elles et le camp* :
et, ne milites	et, pour que *ses* soldats
in faciendo opere	en faisant *leur* ouvrage
exterrerentur	ne fussent pas effarouchés

incursu exterrerentur atque opere prohiberentur, vallo muniri vetuit, quod eminere et procul videri necesse erat; sed a fronte contra hostem pedum quindecim fossam fieri jussit. Prima et secunda acies in armis, ut ab initio constituta erat, permanebat : post hos opus in occulto a tertia acie fiebat. Sic omne prius est perfectum, quam intelligeretur ab Afranio, castra muniri.

XLII. Sub vesperum Cæsar intra hanc fossam legiones reducit atque ibi sub armis proxima nocte conquiescit. Postero die omnem exercitum intra fossam continet, et, quod longius erat agger petendus, in præsentia similem rationem operis instituit, singulaque latera castrorum singulis attribuit legionibus munienda, fossasque ad eamdem magnitudinem perfici jubet : reliquas legiones in armis expeditas contra hostem constituit. Afranius Petreiusque, terrendi causa atque operis impediendi, copias suas ad infimas montis radices producunt et

déranger les travailleurs par une attaque soudaine, il leur défendit d'élever un rempart, que son élévation aurait nécessairement fait remarquer de loin, et fit seulement creuser un fossé de quinze pieds, en face de l'ennemi : la première et la seconde lignes, formées comme dans le principe, restaient sous les armes et masquaient la troisième, qui travaillait derrière elles. Ainsi tout fut achevé, avant qu'Afranius sût que l'on se retranchait.

XLII. Sur le soir, César fit rentrer en deçà du fossé les troupes, qui passèrent la nuit sous les armes. Le lendemain elles ne dépassèrent pas la tranchée et, comme il fallait aller au loin chercher des matériaux, César s'en tint, pour le moment, à l'espèce de travail de la veille. On creusa sur les flancs des fossés de la même largeur que celui du front : deux légions y furent employées ; les autres, en bataille, firent face à l'ennemi. Afranius et Pétréius, en vue de nous intimider et d'interrompre l'ouvrage, vinrent jusqu'au bas de la montagne et

incursu repentino hostium	par une incursion soudaine des ennemis
atque prohiberentur opere,	et ne fussent pas détournés du travail,
vetuit muniri	il *leur* défendit de se fortifier
vallo,	d'un retranchement,
quod erat necesse	lequel il était nécessaire
eminere et videri procul;	être-en-saillie et se voir de loin;
sed jussit fossam fieri	mais il ordonna un fossé être fait
quindecim pedum	de quinze pieds
a fronte	de front
contra hostem.	en face de l'ennemi.
Prima et secunda acies	Le premier et le second corps
permanebat in armis,	restait en armes,
ut constituta erat	comme il avait été établi
ab initio :	dès le commencement :
post hos opus fiebat	derrière eux l'ouvrage était fait
a tertia acie	par le troisième corps
in occulto.	en secret.
Sic omne perfectum est	Ainsi tout fut achevé
prius quam intelligeretur	avant qu'il fût compris
ab Afranio,	par Afranius,
castra muniri.	le camp se fortifier.
XLII. Sub vesperum	XLII. Vers le soir
Cæsar deducit legiones	César ramène *ses* légions
intra hanc fossam	en dedans de ce fossé
atque conquiescit ibi	et il se repose là
nocte proxima	la nuit suivante
sub armis.	sous les armes,
Die postero	Le jour suivant
continet intra fossam	il retient en dedans du fossé
omnem exercitum,	toute l'armée,
et quod agger	et, parce que les matériaux
erat petendus longius,	devaient être cherchés trop loin,
instituit in præsentia	il entreprend pour le moment
rationem similem operis,	un système semblable d'ouvrage,
attribuitque munienda	et donne à-fortifier
singula latera castrorum	chaque flanc du camp
legionibus singulis,	à des légions isolées,
jubetque fossas perfici	et il ordonne les fossés être faits
ad eamdem magnitudinem :	de la même grandeur *que les autres* :
constituit reliquas legiones	il établit le reste-des légions
expeditas in armis	sans-bagage *et* en armes
contra hostem.	en face de l'ennemi.
Afranius Petreiusque,	Afranius et Pétréius,
causa terrendi	en vue d'effrayer *les nôtres*
atque impediendi operis,	et d'empêcher *leur* travail,
producunt suas copias	poussent leurs troupes
ad infimas radices montis	vers les dernières racines de la montagne

prœlio lacessunt. Neque idcirco Cæsar opus intermittit, confisus præsidio legionum trium et munitione fossæ. Illi non diu commorati, nec longius ab infimo colle progressi, copias in castra reducunt. Tertio die Cæsar vallo castra communit: reliquas cohortes, quas in superioribus castris reliquerat, impedimentaque ad se transduci jubet.

XLIII. Erat inter oppidum Ilerdam et proximum collem, ubi castra Petreius atque Afranius habebant, planities circiter passuum trecentorum : atque in hoc fere medio spatio tumulus erat paullo editior : quem si occupasset Cæsar et communisset, ab oppido et ponte et commeatu omni, quem in oppidum contulerant, se interclusurum adversarios confidebat. Hoc sperans, legiones tres ex castris educit, acieque in locis idoneis instructa, unius legionis antesignanos procurrere at-

firent semblant d'attaquer : César néanmoins ne suspend point les travaux, se trouvant assez fort avec trois légions, couvertes par un fossé. Les ennemis ne restèrent pas longtemps et, sans s'être écartés du pied de la colline, rentrèrent dans leur camp. Le troisième jour, César fit élever les remparts du sien, où il donna l'ordre d'amener les cohortes restées dans l'ancien, avec les bagages.

XLIII. Entre la ville et la colline voisine, où campaient Afranius et Pétréius, était un terrain uni d'environ trois cents pas, ayant, presque dans son centre, une petite éminence : en s'en emparant et en s'y fortifiant, César comptait couper aux ennemis la communication avec leur pont, la ville et les magasins de vivres qu'ils y avaient. Dans cet espoir, il prend trois légions, les met en bataille dans une bonne position, et donne ordre aux premiers rangs de l'une d'aller

et lacessunt prœlio.	et *nous* provoquent au combat.
Neque idcirco Cæsar	Et pour-cela César
intermittit opus,	n'interrompt pas le travail,
confisus præsidio	confiant dans la garde
trium legionum	de trois légions
et munitione fossæ.	et dans le rempart du fossé.
Illi	Eux (les ennemis)
non commorati diu,	n'ayant pas attendu longtemps,
nec progressi longius	et ne s'étant pas avancés trop loin
ab infimo colle,	du bas-de la colline,
reducunt copias	ramènent *leurs* troupes
in castra.	dans *leur* camp.
Tertio die Cæsar	Le troisième jour César
communit castra vallo :	fortifie *son* camp d'un retranchement :
jubet reliquas cohortes,	il ordonne le reste-des cohortes,
quas reliquerat	qu'il avait laissées
in castris superioribus,	dans le camp supérieur,
impedimentaque	et les bagages
transduci ad se.	être amenés vers lui.
XLIII. Inter oppidum	XLIII. Entre la ville
Ilerdam,	d'Ilerda
et collem proximum,	et la colline voisine,
ubi Petreius atque Afranius	où Pétréius et Afranius
habebant castra,	avaient *leur* camp,
planities erat	une plaine était
trecentorum passuum	de trois-cents pas
circiter ;	environ :
atque fere	et presque
in medio hoc spatio	au milieu-de cet espace
tumulus erat	un tertre était
paullo editior :	un peu plus élevé ;
quem si Cæsar occupasset	duquel si César se fût emparé
et communisset,	et s'il l'eût fortifié,
confidebat	il comptait
se interclusurum	lui devoir couper
adversarios	ses adversaires
ab oppido et ponte	de la ville et du pont
et omni commeatu,	et de tous les vivres,
quem contulerant	qu'ils avaient transportés
in oppidum.	dans la ville.
Sperans hoc,	Espérant ce *résultat*,
educit ex castris	il fait-sortir du camp
tres legiones,	trois légions,
acieque instructa	et un corps-de-bataille ayant été formé
in locis idoneis,	dans des lieux favorables,
jubet antesignanos	il ordonne les soldats-d'avant-garde
unius legionis	d'une-seule légion

que occupare eum tumulum jubet. Qua re cognita, celeriter, quæ in statione pro castris erant Afranii cohortes, breviore itinere ad eumdem occupandum locum mittuntur. Contenditur prœlio, et, quod prius in tumulum Afraniani venerant, nostri repelluntur, atque, aliis submissis subsidiis, terga vertere, seque ad signa legionum recipere coguntur.

XLIV. Genus erat pugnæ militum illorum, ut magno impetu primo procurrerent, audacter locum caperent, ordines suos non magnopere servarent, rari dispersique pugnarent : si premerentur, pedem referre et loco excedere non turpe existimarent, cum Lusitanis reliquisque barbaris genere quodam pugnæ assuefacti : quod fere fit, quibus quisque in locis miles inveteravit, uti multum earum regionum consuetudine moveatur. Hæc tamen ratio nostros perturbavit, insuetos hujus generis pugnæ : circumiri enim sese ab aperto latere, pro-

à la course s'emparer de ce tertre : Afranius, qui le voit, fait marcher en hâte et par un chemin plus court les cohortes de ses avantpostes, pour se saisir du même point. Le combat s'engage ; les Afraniens, arrivés les premiers, repoussent nos soldats et même, ayant reçu du renfort, les réduisent à tourner le dos et à regagner leurs enseignes.

XLIV. Voici quelle était la tactique des Afraniens. Ils chargeaient d'abord très-vivement et s'emparaient d'un poste avec audace, sans trop garder leurs rangs, et combattant même par petits pelotons épars : s'ils étaient serrés de trop près, ils ne trouvaient pas honteux de reculer et de lâcher pied. Ils s'étaient accoutumés à ce genre de manœuvre avec les Lusitaniens et les autres barbares ; car il arrive presque toujours au soldat de prendre beaucoup des habitudes du pays où il reste longtemps. Cette manière, cependant, étonnait nos soldats, qui n'y étaient pas faits : ils craignaient d'être pris en flanc

procurrere atque occupare	courir-en-avant et s'emparer
eum tumulum.	de ce tertre.
Qua re cognita,	Laquelle chose étant connue,
cohortes Afranii	les cohortes d'Afranius
quæ erant in statione	qui étaient en vedette
pro castris,	devant le camp,
mittuntur celeriter	sont envoyées rapidement
itinere breviore	par un chemin plus court
ad occupandum	pour s'emparer
eumdem locum.	du même lieu.
Contenditur prœlio,	On lutte par un combat,
et, quod Afranii	et, parce que les Afraniens
venerant prius	étaient venus plus tôt (les premiers)
in tumulum,	vers le tertre,
nostri repelluntur,	les nôtres sont repoussés,
atque, aliis subsidiis	et, d'autres renforts
submissis,	étant-successivement-envoyés,
coguntur vertere terga,	ils sont forcés de tourner le dos,
seque recipere	et de se retirer
ad signa legionum.	vers les enseignes des légions.
XLIV. Genus pugnæ	XLIV. Le genre de combat
illorum militum	de ces soldats-là
erat, ut primo procurrerent	était, que d'abord ils couraient-en-avant
magno impetu,	avec une grande impétuosité,
caperent locum audacter,	s'emparaient d'un lieu hardiment,
non servarent magnopere	mais ne gardaient pas beaucoup
suos ordines,	leurs rangs,
pugnarent	et combattaient
rari dispersique :	en-petits-groupes et dispersés :
si premerentur,	que s'ils étaient pressés par l'ennemi,
non existimarent turpe	ils ne regardaient pas comme honteux
referre pedem	de lâcher pied
et excedere loco,	et de se retirer du lieu du combat,
assuefacti	ayant été accoutumés
cum Lusitanis	avec les Lusitaniens
reliquisque barbaris	et avec le reste-des-barbares
quodam genere pugnæ :	à un certain genre de combat :
quod fit fere,	parce qu'il arrive presque-toujours,
uti quisque miles	que chaque soldat
moveatur multum	est influencé beaucoup
consuetudine	par l'habitude
earum regionum,	de ces contrées,
in quibus locis inveteravit.	dans lesquels lieux il a servi-longtemps.
Tamen hæc ratio	Cependant cette manière de combattre
perturbavit nostros,	déconcerta les nôtres,
insuetos	inaccoutumés
hujus generis pugnæ :	à ce genre de combat :

currentibus singulis, arbitrabantur; ipsi autem suos ordines servare, neque ab signis discedere, neque sine gravi causa cum locum, quem ceperant, dimitti censuerant oportere. Itaque, perturbatis antesignanis, legio, quæ in eo cornu constiterat, locum non tenuit, atque in proximum collem sese recepit.

XLV. Cæsar, pæne omni acie perterrita, quod præter opinionem consuetudinemque acciderat, cohortatus suos, legionem nonam subsidio ducit: hostem, insolenter atque acriter nostros insequentem, supprimit, rursusque terga vertere seque ad oppidum Ilerdam recipere et sub muro consistere cogit. Sed nonæ legionis milites, elati studio, dum sarcire acceptum detrimentum volunt, temere insecuti fugientes, in locum iniquum progrediuntur, et sub montem, in quo erat oppidum

par les ennemis, qui s'avançaient isolément; tandis qu'ils avaient, eux, pour principe de garder leurs rangs, de ne point s'écarter des enseignes, et de ne point abandonner, sans de puissants motifs, la position qu'ils avaient prise. Ainsi, le détachement d'avant-garde ayant été culbuté, la légion qui était à cette aile ne se maintint pas dans sa position et se retira sur une colline voisine.

XLV. Cet échec inattendu ayant jeté le trouble dans presque toute l'armée, César encourage les soldats et fait avancer la neuvième légion. Il arrête l'ennemi qui nous poursuivait insolemment et vivement, lui fait tourner le dos et le force à regagner la ville, pour se rallier sous le mur. Mais les légionnaires de la neuvième, emportés par leur ardeur et par le désir de réparer l'échec qu'on a reçu, s'engagent dans une mauvaise position, en poursuivant témérairement les fuyards jusqu'au pied de la montagne où la ville est

arbitrabantur enim	car ils pensaient
sese circumiri	eux-mêmes être enveloppés
ab latere aperto,	par *leur* flanc découvert,
procurrentibus singulis ;	*les ennemis* s'avançant isolés ;
ipsi autem	eux-mêmes au-contraire
censuerant	avaient été-d'avis
oportere	falloir (qu'il fallait)
servare suos ordines,	garder leurs rangs,
neque discedere ab signis,	et ne pas s'écarter des enseignes,
neque oportere	et ne pas falloir
eum locum quem ceperant	ce lieu dont ils s'étaient emparés
dimitti sine causa gravi.	être abandonné *par eux* sans motif grave.
Itaque,	C'est-pourquoi,
antesignanis	les *soldats* d'avant-garde
perturbatis,	étant mis-en-désordre,
legio, quæ constiterat	la légion qui se tenait
in eo cornu,	à cette aile,
non tenuit locum,	ne garda pas *sa* position,
atque sese recepit	et se retira
in collem proximum.	sur une colline voisine.
XLV. Cæsar,	XLV. César,
pæne omni acie	presque toute *son* armée
perterrita,	étant effarouchée,
quod acciderat	ce qui était arrivé
præter opinionem	contre *son* opinion
consuetudinemque,	et *contre son* habitude,
cohortatus suos,	ayant exhorté les siens,
ducit subsidio	amène pour renfort
nonam legionem :	la neuvième légion :
supprimit hostem,	il arrête l'ennemi,
insequentem nostros	qui-poursuivait les nôtres
insolenter atque acriter	insolemment et vivement,
cogitque	et *le* force
vertere terga rursus	de tourner le dos à-son-tour
seque recipere	et de se retirer
ad oppidum Ilerdam	vers la ville d'Ilerda
et consistere sub muro.	et de s'arrêter sous le mur.
Sed milites	Mais les soldats
nonæ legionis,	de la neuvième légion,
elati studio,	emportés par *leur* ardeur,
dum volunt sarcire	tandis qu'ils veulent réparer
detrimentum acceptum,	l'échec reçu,
insecuti temere	ayant poursuivi témérairement
fugientes,	les fuyards,
progrediuntur	s'avancent
in locum iniquum,	dans un lieu désavantageux,
et succedunt sub montem,	et s'engagent au-pied-de la montagne,

positum Ilerda, succedunt. Hinc se recipere quum vellent, rursus illi ex loco superiore nostros premebant. Præruptus locus erat, utraque ex parte directus; ac tantum in latitudinem patebat, ut tres instructæ cohortes eum locum explerent, et neque subsidia a lateribus submitti, neque equites laborantibus usui esse possent. Ab oppido autem declivis locus tenui fastigio vergebat in longitudinem passuum circiter CD. Hac nostris erat receptus; quod eo, incitati studio, inconsultius processerant. Hoc pugnabatur loco, et propter angustias iniquo, et quod sub ipsis radicibus montis constiterant, ut nullum frustra telum in eos mitteretur : tamen virtute et patientia nitebantur, atque omnia vulnera sustinebant. Augebatur illis copia, atque ex castris cohortes per oppidum

assise. Quand ils veulent se retirer, l'ennemi, maître des hauteurs, les presse à son tour. L'endroit était, de droite et de gauche, comme à pic, et n'avait de largeur que le front de trois cohortes; ainsi nul moyen d'envoyer du secours par les flancs, ni de faire agir la cavalerie. Mais, depuis la ville, le terrain s'abaissait par une pente douce d'environ quatre cents pas; c'était par là que nos gens devaient se retirer du pas où le trop d'ardeur les avait imprudemment engagés. Ils se battaient dans une position fâcheuse, tant à cause du peu d'espace, que parce qu'étant au pied même de la montagne, on ne leur lançait pas un trait qui ne portât : cependant, pleins de courage et de persévérance, ils bravaient toutes les blessures. Le nombre des ennemis augmentait; à tout moment des cohortes frat-

in quo erat positum	sur laquelle était assise
oppidum Ilerda.	la ville d'Ilerda.
Quum vellent	Comme ils voulaient
se recipere hinc,	se retirer de là,
illi rursus	eux (les ennemis) de-nouveau
premebant nostros	pressaient les nôtres
ex loco superiore.	d'un lieu supérieur.
Locus erat præruptus,	Ce lieu était escarpé,
directus	à-pic
ex utraque parte ;	de l'un-et-l'autre côté ;
ac patebat in latitudinem	et il s'étendait en largeur
tantum,	autant qu'*il fallait*,
ut tres cohortes	pour que trois cohortes
instructæ	rangées-en-bataille
explerent eum locum,	emplissent cet endroit,
et neque subsidia	et *que* ni des renforts
possent submitti	ne pussent être envoyés
a lateribus,	par les flancs,
neque equites esse usui	ni des cavaliers être à utilité
laborantibus.	aux *soldats* pliant.
Ab oppido autem	Depuis la ville d'autre-part
locus declivis	le lieu (le terrain) en-pente
tenui fastigio	d'une faible élévation
vergebat in longitudinem	descendait à une longueur
quadringentorum passuum	de quatre-cents pas
circiter.	environ.
Receptus erat nostris	Une retraite était pour les nôtres
hac ;	par là (de ce côté) ;
quod, incitati studio,	parce que, excités par *leur* ardeur,
processerant eo	ils s'étaient avancés *jusque*-là
inconsultius.	trop-inconsidérément.
Pugnabatur hoc loco,	On combattait en ce lieu
iniquo	désavantageux
et propter angustias,	et à cause de l'espace-étroit,
et quod constiterant	et parce qu'ils s'étaient arrêtés
sub radicibus ipsis montis,	aux racines mêmes de la montagne,
ut nullum telum	de-sorte-que aucun trait
mitteretur frustra	n'était lancé en-vain
in eos :	contre eux :
tamen nitebantur	cependant ils s'efforçaient
virtute et patientia,	avec courage et patience,
atque sustinebant	et soutenaient
omnia vulnera.	tous les coups.
Copia augebatur	La troupe (le nombre) augmentait
illis,	à eux (aux ennemis),
atque cohortes	et des cohortes
submittebantur crebro	étaient envoyées fréquemment

crebro submittebantur, ut integri defessis succederent. Hoc idem Cæsar facere cogebatur, ut, submissis in eumdem locum cohortibus, defessos reciperet.

XLVI. Hoc quum esset modo pugnatum continenter horis quinque, nostrique gravius a multitudine premerentur, consumptis omnibus telis, gladiis destrictis, impetum adversus montem in cohortes faciunt, paucisque dejectis, reliquos sese convertere cogunt. Submotis sub murum cohortibus ac nonnulla parte propter terrorem in oppidum compulsis, facilis est nostris receptus datus. Equitatus autem noster ab utroque latere, etsi dejectis atque inferioribus locis constiterat, tamen summum in jugum virtute connititur, atque, inter duas acies perequitans, commodiorem ac tutiorem nostris receptum dat. Ita vario certamine pugnatum est. Nostri in primo congressu circiter LXX ceciderunt, in his Q. Fulginius ex primo hastato legionis XIV, qui propter eximiam vir-

ches traversaient la ville, et venaient relever les hommes fatigués. César était obligé de faire avancer de même des cohortes, pour remplacer dans la mêlée les soldats épuisés.

XLVI. On s'était ainsi battu cinq heures entières, lorsqu'ayant employé tous leurs traits, nos soldats, presque accablés par le nombre, mirent l'épée à la main, gravirent la montagne, chargèrent les cohortes ennemies, renversèrent quelques hommes, forcèrent le reste à tourner le dos et repoussèrent jusqu'au pied des murs les Afraniens, dont même une partie se jeta de frayeur dans la ville : le retour alors devint facile. Notre cavalerie, qui était sur les flancs dans un fond, trouva dans son courage le moyen de gagner la hauteur et, manœuvrant entre les deux armées, rendit la retraite plus aisée et plus sûre. Ainsi les événements du combat furent variés : dans le premier choc nous perdîmes environ soixante-dix hommes, entre autres Q. Fulginius, premier centurion d'hastaires, que sa

ex castris per oppidum,	du camp à travers la ville,
ut integri	de-sorte-que des *hommes* frais
succederent defessis.	succédaient aux *hommes* fatigués.
Cæsar cogebatur	César était forcé
facere hoc idem,	de faire cette même chose,
ut, cohortibus	afin que, des cohortes
submissis in eumdem locum,	étant envoyées *par lui* dans le même lieu,
reciperet defessos.	il fît-rentrer les *hommes* fatigués.
XLVI. Quum	XLVI. Comme
pugnatum esset	on avait combattu
hoc modo	de cette manière
quinque horis continenter,	cinq heures de-suite,
nostrique	et *que* les nôtres
premerentur gravius	étaient pressés trop-rudement
a multitudine,	par le nombre,
omnibus telis consumptis,	tous les traits ayant été épuisés,
gladiis destrictis,	les glaives étant tirés,
faciunt impetum	ils font une attaque
adversus montem	contre la montagne
in cohortes,	sur les cohortes *ennemies*,
paucisque dejectis,	et peu-d'*hommes* ayant été renversés,
cogunt reliquos	ils forcent les restants
sese convertere.	à se retourner (à fuir).
Cohortibus submotis	Les cohortes étant repoussées
sub murum	au-pied-du mur
ac compulsis in oppidum	et rejetées dans la ville
nonnulla parte	en quelque partie (en partie)
propter terrorem,	à cause de la terreur,
receptus facilis	une retraite facile
datus est nostris.	fut donnée aux nôtres.
Noster autem equitatus	D'autre-part notre cavalerie
ab utroque latere,	sur l'un-et-l'autre flanc,
etsi constiterat	bien qu'elle se tînt
locis dejectis	dans des lieux bas
atque inferioribus,	et inférieurs,
tamen connititur virtute	cependant s'efforce avec courage
in summum jugum,	vers le sommet-de la colline,
atque perequitans	et chevauchant
inter duas acies,	entre les deux armées,
dat nostris receptum	donne aux nôtres une retraite
commodiorem ac tutiorem.	plus commode et plus sûre.
Ita pugnatum est	Ainsi l'on combattit
certamine vario.	avec une lutte (chance) variée.
In primo congressu	Dans la première rencontre
nostri ceciderunt	les nôtres tombèrent
septuaginta circiter,	*au nombre de* soixante-dix environ,
in his Q. Fulginius	parmi eux Q. Fulginius

tutem ex inferioribus ordinibus in eum locum pervenerat. Vulnerantur amplius DC. Ex Afranianis interficiuntur T. Cæcilius, primi pili centurio, et præter eum centuriones quatuor, milites amplius ducenti.

XLVII. Sed hæc ejus diei præfertur opinio, ut se utrique superiores discessisse existimarent ; Afraniani, quod, quum esse omnium judicio inferiores viderentur, cominus tam diu stetissent et nostrorum impetum sustinuissent, et initio locum tumulumque tenuissent, quæ causa pugnandi fuerat, et nostros primo congressu terga vetere coegissent : nostri autem, quod, iniquo loco atque impari congressi numero, quinque horis prœlium sustinuissent, quod montem gladiis destrictis ascendissent, quod ex loco superiore terga vertere adversarios coegissent atque in oppidum compulissent. Illi

valeur distinguée avait tiré des derniers rangs: nous eûmes plus de six cents blessés. Les Afraniens eurent plus de deux cents morts, et, dans le nombre, le primipile Q. Cécilius avec quatre centurions.

XLVII. En définitive, les deux partis s'attribuèrent l'honneur de de la journée : les Afraniens, parce qu'étant généralement censés inférieurs, ils avaient longtemps fait ferme contenance et soutenu notre choc, et parce que s'étant d'abord emparés du tertre qui avait donné lieu à l'affaire, ils avaient, à la première charge, forcé les nôtres à tourner le dos : les soldats de César, parce qu'ils avaient tenu cinq heures dans une mauvaise position contre un ennemi plus nombreux ; parce qu'ils avaient gravi la montagne l'épée à la main, et contraint leurs adversaires, qui avaient l'avantage du lieu, de prendre la fuite et de se jeter dans la ville. Le tertre, occasion du

ex primo hastato	ex-premier hastaire
quartæ decimæ legionis,	de la quatorzième légion,
qui pervenerat	et qui était parvenu
in eum locum	à ce grade
ex ordinibus inferioribus	des rangs inférieurs
propter virtutem eximiam.	à cause d'un courage distingué.
Amplius sexcenti	Plus de six-cents *hommes*
vulnerantur.	sont blessés.
Ex Afranianis	Du-côté-des Afraniens
interficiuntur	sont tués
T. Cæcilius,	T. Cécilius,
centurio primi pili,	centurion de la première compagnie,
et præter eum	et outre lui
quatuor centuriones,	quatre centurions,
amplius ducenti milites.	plus de deux-cents soldats.
XLVII. Sed hæc opinio	XLVII. Mais cette opinion
ejus diei	sur cette journée
præfertur,	est mise-en-avant,
ut utrique	*savoir* que les deux *partis*
existimarent	estimaient
se discessisse	eux s'être retirés *du combat*
superiores;	supérieurs *aux autres*;
Afraniani, quod,	les Afraniens, parce que,
quum viderentur	quoiqu'ils parussent
esse inferiores	être inférieurs
judicio omnium,	d'après le jugement de tous,
stetissent tam diu	ils avaient tenu-bon si longtemps
cominus	de-près
et sustinuissent	et avaient soutenu
impetum nostrorum,	le choc des nôtres,
et tenuissent initio	et avaient occupé au commencement
locum tumulumque,	le lieu et le tertre, [cause]
quæ causa fuerat	laquelle cause avait été (qui avait été
pugnandi :	de combattre (du combat) :
nostri autem, quod,	les nôtres d'autre-part, parce que,
congressi	ayant combattu
loco iniquo	dans un lieu défavorable
atque numero impari,	et avec un nombre inégal,
sustinuissent prœlium	ils avaient soutenu le combat
quinque horis,	*pendant* cinq heures,
quod ascendissent montem	parce qu'ils avaient gravi la montagne
gladiis destrictis,	les épées étant tirées,
quod coegissent adversarios	parce qu'ils avaient forcé *leurs* adver-
vertere terga	à tourner le dos [saires
ex loco superiore	d'un lieu supérieur
atque compulissent	et *les* avaient repoussés
in oppidum.	dans la ville.

eum tumulum, pro quo pugnatum est, magnis operibus munierunt præsidiumque ibi posuerunt.

XLVIII. Accidit etiam repentinum incommodum biduo, quo hæc gesta sunt. Tanta enim tempestas cooritur, ut, nunquam illis locis majores aquas fuisse, constaret : tum autem ex omnibus montibus nives proluit ac summas ripas fluminis superavit, pontesque ambo, quos C. Fabius fecerat, uno die interrupit. Quæ res magnas difficultates exercitui Cæsaris attulit. Castra enim, ut supra demonstratum est, quum essent inter flumina duo, Sicorim et Cingam, spatio millium XXX, neutrum horum transiri poterat, necessarioque omnes his angustiis continebantur. Neque civitates, quæ ad Cæsaris amicitiam accesserant, frumentum supportare; neque ii, qui pabulatum longius progressi erant, interclusi fluminibus, reverti; neque maximi comitatus, qui ex Italia Galliaque venie-

combat, fut fortifié avec soin par Afranius, qui y mit un détachement.

XLVIII. Deux jours après cette action, il survint un événement désagréable : il s'éleva un si violent orage que jamais, dans le pays, on n'avait vu de plus grandes eaux. La neige, fondant sur toutes les montagnes, fit déborder le fleuve, qui rompit en un jour les deux ponts établis par Fabius; ce qui mit l'armée de César dans un grand embarras : car le camp étant entre deux rivières, le Sicoris et la Cinga, distantes entre elles de trente milles, on ne pouvait passer ni l'une ni l'autre. On était donc forcément resserré dans cet espace : les cités qui s'étaient attachées à César ne pouvaient lui envoyer du blé; les fourrageurs qui s'étaient écartés ne pouvaient rejoindre; et de grands renforts, attendus de l'Italie et de la Gaule, ne pouvaient

Illi munierunt	Ceux-là (les ennemis) fortifièrent
magnis operibus	par de grands ouvrages
eum tumulum,	ce tertre, battu),
pro quo pugnatum est,	pour lequel on combattit (on avait com-
posueruntque ibi	et placèrent là
præsidium.	une garnison.
XLVIII. Etiam	XLVIII. De-plus
incommodum repentinum	un malheur soudain
accidit biduo,	arriva deux-jours
quo hæc gesta sunt.	après-que ces choses furent faites.
Tanta enim tempestas	Car une si-grande tempête
cooritur, ut constaret	s'élève, qu'il était-constant
nunquam illis locis	jamais en ces lieux-là
majores aquas fuisse ;	de plus grandes eaux n'avoir été :
tum autem	puis d'autre-part
proluit nives	*la tempête* fit-couler les neiges
ex omnibus montibus	de toutes les montagnes
ac superavit	et dépassa
summas ripas fluminis,	les plus hautes rives du fleuve,
interrupitque uno die	et rompit en un-seul jour
ambo pontes,	les deux ponts,
quos C. Fabius fecerat.	que C. Fabius avait faits.
Quæ res attulit	Laquelle chose apporta
magnas difficultates	de grandes difficultés
exercitui Cæsaris.	à l'armée de César.
Quum enim castra essent,	Car comme *son* camp était,
ut demonstratum est supra,	comme il a été montré plus-haut,
inter duo flumina,	entre deux rivières,
Sicorim et Cingam,	le Sicoris et la Cinga,
spatio triginta millium,	à une distance de trente milles,
neutrum horum	ni-l'une-ni-l'autre de ces *rivières*
poterat transiri,	ne pouvait être traversée,
omnesque necessario	et tous *les soldats* nécessairement
continebantur	étaient retenus
his angustiis.	dans cet espace-étroit.
Neque civitates,	Ni les cités,
quæ accesserant	qui s'étaient ralliées
ad amicitiam Cæsaris,	à l'amitié de César,
oterant	ne pouvaient
upportare frumentum ;	*lui* apporter du blé ;
neque ii, qui progressi erant	ni ceux, qui s'étaient avancés
longius pabulatum,	trop loin pour faire-du-fourrage,
interclusi fluminibus,	interceptés par les rivières,
reverti ;	*ne pouvaient* revenir ;
neque maximi comitatus,	ni de très-grands convois,
qui veniebant ex Italia	qui venaient de l'Italie
Galliaque,	et de la Gaule,

bant, in castra pervenire poterant. Tempus autem erat anni difficillimum, quo neque frumenta in herbis erant, neque multum a maturitate aberant : ac civitates exinanitæ, quod Afranius pæne omne frumentum ante Cæsaris adventum Ilerdam convexerat ; reliqui si quid fuerat, Cæsar superioribus diebus consumpserat : pecora, quod secundum poterat esse inopiæ subsidium, propter bellum finitimæ civitates longius removerant : qui erant pabulandi aut frumentandi causa progressi, hos levis armaturæ Lusitani peritique earum regionum cetrati citerioris Hispaniæ consectabantur, quibus erat proclive transnare flumen, quod consuetudo eorum omnium est, ut sine utribus ad exercitum non eant.

XLIX. At exercitus Afranii omnium rerum abundabat copia. Multum erat frumentum provisum et convectum superioribus temporibus : multum ex omni provincia comportabatur : magna copia pabuli suppetebat. Harum rerum om-

arriver au camp. C'était en outre la plus défavorable saison de l'année ; les blés n'étaient plus en herbe, ils approchaient de la maturité ; le pays était affamé, parce qu'avant l'arrivée de César Afranius avait fait transporter presque tous les grains dans Ilerda, et que César avait consommé les jours précédents le peu qui était resté. Les cités voisines avaient, à cause de la guerre, fait rentrer dans l'intérieur le bétail, qui aurait pu nous soutenir contre la disette ; et les détachements qui s'étaient éloignés pour chercher du blé et du fourrage étaient poursuivis par l'infanterie légère de Lusitanie, et par celle de l'Espagne citérieure, qui connaissait le pays et qui, ne marchant jamais sans des outres, n'hésitait pas à passer un fleuve à la nage.

XLIX. Afranius, au contraire, avait tout en abondance, ayant formé d'avance de grands magasins de blé ; il en tirait encore beaucoup de toute la province ; il était bien approvisionné de four-

pervenire in castra.	ne pourraient arriver au camp.
Tempus autem anni	D'autre-part le temps de l'année
erat difficillimum,	était très-difficile,
quo frumenta	pendant lequel les blés
neque erant in herbis,	et n'étaient pas en herbe,
neque aberant multum	et n'étaient-pas-loin beaucoup
a maturitate :	de la maturité :
ac civitates exinanitæ,	et les cités étaient affamées,
quod Afranius	parce que Afranius
convexerat Ilerdam	avait transporté à Ilerda
pæne omne frumentum	presque tout le blé
ante adventum Cæsaris;	avant l'arrivée de César;
si quid fuerat reliqui,	si quelque chose avait été de reste,
Cæsar consumpserat	César l'avait consommé
diebus superioribus :	les jours précédents :
civitates finitimæ	les cités voisines
removerant longius	avaient éloigné plus loin
propter bellum	à cause de la guerre
pecora,	leurs bestiaux,
quod poterat esse	ce qui pouvait être
subsidium secundum	une réserve avantageuse
inopiæ :	à (contre) la disette :
Lusitani armaturæ levis	les Lusitaniens d'armement léger
cetratique	et les soldats armés-de-petits-boucliers
Hispaniæ citerioris,	de l'Espagne citérieure,
periti earum regionum,	ayant-l'expérience de ces contrées,
quibus erat proclive	pour lesquels soldats il était facile
transnare flumen,	de passer-à-la-nage un fleuve,
quod consuetudo	parce que l'habitude
omnium eorum est,	de tous ces hommes est
ut non eant sine utribus	qu'ils n'aillent pas sans des outres
ad exercitum,	à l'armée,
consectabantur hos,	poursuivaient ceux des nôtres,
qui erant progressi	qui s'étaient avancés
causa pabulandi	en vue de fourrager
aut frumentandi.	ou de chercher-du-blé.
XLIX. At	XLIX. Cependant
exercitus Afranii	l'armée d'Afranius
abundabat copia	abondait en ressources
omnium rerum.	de toutes choses.
Multum frumentum	Beaucoup-de blé
erat provisum	avait été amassé-par-prévision
et convectum	et amené-par-charroi
temporibus superioribus :	dans les temps précédents :
multum comportabatur	beaucoup de blé aussi était transporté
ex omni provincia :	de toute la province :
magna copia pabuli	une grande quantité de fourrage

nium facultates sine ullo periculo pons Ilerdæ præbebat et oca trans flumen integra, quo omnino Cæsar adire non poterat.

L. Hæ permanserunt aquæ dies complures. Conatus est Cæsar reficere pontes : sed nec magnitudo fluminis permittebat, neque ad ripam dispositæ cohortes adversariorum perfici patiebantur : quod illis prohibere erat facile, tum ipsius fluminis natura atque aquæ magnitudine, tum quod ex totis ripis in unum atque angustum locum tela jaciebantur; atque erat difficile eodem tempore rapidissimo flumine opera perficere et tela vitare.

LI. Nunciatur Afranio, magnos comitatus, qui iter habebant ad Cæsarem, ad flumen constitisse. Venerant eo sagittarii ex Rutenis, equites ex Gallia cum multis carris magnisque impedimentis, ut fert Gallica consuetudo. Erant præterea

rage et pouvait, par le pont d'Ilerda, se procurer tout cela sans danger sur l'autre rive encore intacte, et tout à fait inaccessible à César.

L. Les eaux durèrent plusieurs jours. César essaya de rétablir les ponts, mais la grandeur du fleuve s'y opposait, et les cohortes ennemies, postées sur l'autre bord, empêchaient les travaux : ce qui leur était aisé, soit à cause de la nature du fleuve et de la force du courant, soit parce que, les traits pleuvant de toute la rive sur un point unique, il était difficile de les parer et de faire en même temps des ouvrages dans un fleuve aussi rapide.

LI. Cependant Afranius apprend que de grands renforts, qui viennent à César, sont arrivés au bord de la rivière. C'étaient des archers rutènes et de la cavalerie gauloise, avec beaucoup de chariots et de bagages, suivant l'usage du pays; et de plus six mille hommes de

suppetebat.	était-à-portée d'eux.
Pons Ilerdæ	Le pont d'Ilerda
præbebat facultates	fournissait les facilités
omnium harum rerum	de toutes ces choses
sine ullo periculo	sans aucun danger
et loca trans flumen	et les localités au delà de la rivière
integra,	étaient intactes,
quo Cæsar	où César
non poterat omnino adire.	ne pouvait pas du-tout aborder.
L. Hæ aquæ	L. Ces eaux
permanserunt	durèrent
complures dies.	plusieurs jours.
Cæsar conatus est	César s'efforça
reficere pontes :	de refaire les ponts :
sed nec magnitudo fluminis	mais ni la grandeur de la rivière
permittebat,	ne le permettait,
neque cohortes	ni les cohortes
adversariorum	de ses adversaires
dispositæ ad ripam	échelonnées sur la rive
patiebantur perfici :	ne souffraient l'ouvrage être achevé :
quod erat facile illis	ce qu'il était facile à elles
prohibere,	d'empêcher,
tum natura	soit par la nature
fluminis ipsius	de la rivière elle-même
atque magnitudine aquæ,	et par la grandeur de l'eau,
tum quod ex ripis totis	soit parce que des rives entières
tela jaciebantur	des traits étaient lancés
in unum locum	contre un-seul lieu
atque angustum ;	et un lieu étroit ;
atque erat difficile	et il était difficile
perficere opera	d'achever les ouvrages
et vitare tela	et d'éviter les traits
eodem tempore	en même temps
flumine rapidissimo.	le courant étant très-rapide.
LI. Nunciatur Afranio	LI. On annonce à Afranius
magnos comitatus,	de grands convois,
qui habebant iter	qui avaient (faisaient) route
ad Cæsarem,	vers César,
constitisse ad flumen.	s'être arrêtés près de la rivière.
Venerant eo	Étaient venus là
sagittarii ex Rutenis,	des archers des Rutènes,
equites ex Gallia	des cavaliers de la Gaule
cum multis carris	avec beaucoup-de chariots
magnisque impedimentis,	et de grands bagages,
ut fert	comme le comporte
consuetudo Gallica.	l'habitude des-Gaulois.
Erant præterea	Il y avait en-outre

cujusque generis hominum millia circiter sex cum servis liberisque : sed nullus ordo, nullum imperium certum, quum suo quisque consilio uteretur atque omnes sine timore iter facerent, usu superiorum temporum atque itinerum licentia. Erant complures honesti adolescentes, senatorum filii et ordinis equestris; erant legationes civitatum; erant legati Cæsaris. Hos omnes flumina continebant. Ad hos opprimendos cum omni equitatu tribusque legionibus Afranius de nocte proficiscitur imprudentesque ante missis equitibus aggreditur. Celeriter tamen sese Galli equites expediunt prœliumque committunt. Hi, dum pari certamine res geri potuit, magnum hostium numerum pauci sustinuere; sed, ubi signa legionum appropinquare cœperunt, paucis amissis, sese in montes proximos conferunt. Hoc pugnæ tempus magnum attulit nostris ad salutem momentum : nacti enim spatium, se in loca superiora receperunt. Desiderati sunt eo die sagit-

toutes conditions, avec des esclaves et des enfants, tout cela sans ordre et sans chef reconnu : chacun agissait à sa guise, et l'on marchait sans crainte, avec toute la licence qu'on s'était jusque-là permise sur la route. Il y avait plusieurs jeunes gens de famille, fils de sénateurs ou de chevaliers, des députations de cités, des officiers de César; et tout était arrêté par les eaux. Afranius part de nuit, avec trois légions, pour les enlever, et détache en avant toute sa cavalerie, qui les surprend et les attaque. Cependant celle des Gaulois, s'étant promptement formée, engage le combat. Tant qu'elle se battit à armes égales, elle tint contre un nombre bien supérieur; mais, voyant approcher les légions, elle se retira sur les hauteurs voisines, avec une perte de quelques hommes. Sa résistance contribua beaucoup à tirer les autres d'affaire; car elle leur donna le temps de gagner les mon-

sex millia circiter	six milliers environ
hominum cujusque generis	d'hommes de chaque condition
cum servis liberisque :	avec des esclaves et des enfants :
sed nullus ordo,	mais nul ordre,
nullum imperium certum,	nul commandement certain,
quum quisque uteretur	attendu-que chacun usait
suo consilio	de son *propre* avis
atque omnes facerent iter	et *que* tous faisaient route
sine timore,	sans crainte,
usu temporum superiorum	selon l'habitude des temps précédents
atque licentia itinerum.	et la licence des marches.
Erant	Il y avait
complures adolescentes	plusieurs jeunes-gens
honesti,	honorables,
filii senatorum	fils de sénateurs
et ordinis equestris ;	et de l'ordre équestre ;
erant legationes	il y avait des députations
civitatum;	des cités;
erant legati Cæsaris.	il y avait des lieutenants de César
Flumina	Les rivières
continebant omnes hos.	arrêtaient tous ces *hommes*.
Ad opprimendos hos	Pour surprendre eux
Afranius proficiscitur	Afranius part
de nocte	de nuit
cum omni equitatu	avec toute *sa* cavalerie
tribusque legionibus	et trois légions
aggrediturque imprudentes	et attaque *eux* qui-n'étaient-pas-sur-[leurs-gardes
equitibus missis ante.	avec des cavaliers envoyés en avant.
Tamen equites Galli	Cependant les cavaliers Gaulois
sese expediunt celeriter	se mettent-en-mesure promptement
committuntque prœlium.	et engagent le combat.
Hi, dum res potuit geri	Ceux-ci, tant que la chose put se faire
certamine pari,	avec une lutte (chance) égale,
sustinuere pauci	soutinrent *quoique* peu-nombreux
magnum numerum hos-[tium;	le grand nombre des ennemis ;
sed ubi signa legionum	mais, dès que les enseignes des légions
cœperunt appropinquare,	commencèrent à s'approcher,
paucis amissis,	peu-d'*hommes* étant perdus,
sese conferunt	ils se portent
in montes proximos.	dans les montagnes voisines.
Hoc tempus pugnæ	Ce temps de combat
attulit nostris	apporta aux nôtres
ad salutem	pour *leur* salut
magnum momentum ;	une grande influence :
nacti enim spatium	car ayant trouvé un délai *suffisant*
se receperunt	ils se retirèrent
in loca superiora.	dans les lieux supérieurs.

tarii circiter CC, equites pauci, calonum atque impedimentorum non magnus numerus.

LII. His tamen omnibus annona crevit : quæ fere res non solum inopia præsentis, sed etiam futuri temporis timore ingravescere consuevit. Jamque ad denarios L in singulos modios annona pervenerat, et militum vires inopia frumenti deminuerat; atque incommoda in dies augebantur; et tam paucis diebus magna erat rerum facta commutatio ac se fortuna inclinaverat, ut nostri magna inopia necessariarum rerum conflictarentur; illi omnibus abundarent rebus, superioresque haberentur. Cæsar iis civitatibus, quæ ad ejus amicitiam accesserant, quo minor erat frumenti copia, pecus imperabat; calones ad longinquiores civitates dimittebat; ipse præsentem inopiam, quibus poterat subsidiis, tutabatur.

tagnes. Nous perdîmes ce jour-là deux cents archers environ, quelques cavaliers, quelques valets, avec un peu de bagage.

LII. Tout cela fit cependant hausser le prix des vivres, effet ordinaire et malheureux, non-seulement des besoins du moment, mais encore des craintes conçues pour l'avenir. Déjà le boisseau de blé se vendait cinquante deniers; la disette avait affaibli les soldats; le mal augmentait chaque jour; et tel était le changement opéré en quelques jours par l'inconstance de la fortune, que nous souffrions de la pénurie des choses nécessaires, tandis que les Afraniens avaient tout en abondance, et commençaient à passer pour les plus forts. A mesure que le blé devenait rare, César exigeait du bétail des cités qui s'étaient attachées à lui; il envoyait les valets dans les plus éloignées, et ne négligeait rien enfin pour remédier à la disette du moment.

Desiderati sunt eo die	Furent-regrettés ce jour-là
ducenti sagittarii circiter,	deux-cents archers environ,
pauci equites,	peu-de cavaliers,
numerus non magnus	un nombre non grand
calonum	de valets
atque impedimentorum.	et de bagages.
LII. Tamen	LII. Cependant
omnibus his	par toutes ces *circonstances*
annona crevit :	le prix-des-denrées s'accrut :
quæ res fere	laquelle chose presque-toujours
consuevit ingravescere	a-coutume de s'aggraver
non solum inopia	non-seulement par le besoin
temporis præsentis,	du temps présent,
sed etiam futuri.	mais encore *par celui* du *temps* à-venir.
Jamque annona	Et déjà le prix-des-denrées
pervenerat	était venu
ad quinquaginta denarios	à cinquante deniers
in singulos modios	pour chaque boisseau
et inopia frumenti	et la disette de blé
deminuerat	avait diminué
vires militum;	les forces des soldats;
atque incommoda	et les inconvénients
augebantur in dies;	s'augmentaient *de jour* en jours;
et tam paucis diebus	et en si peu-de jours
magna commutatio	un grand changement
rerum	de choses
facta erat	s'était fait
ac fortuna	et la fortune
se inclinaverat,	s'était-inclinée (avait tourné) *tellement*,
ut nostri conflictarentur	que les nôtres étaient tourmentés
magna inopia	par une grande disette
rerum necessariarum;	des choses nécessaires;
illi abundarent	*tandis que* eux (les ennemis) abondaient
omnibus rebus,	en toutes choses,
haberenturque superiores.	et passaient-pour supérieurs.
Quo copia frumenti	Parce que la quantité de blé
erat minor,	était moindre,
Cæsar imperabat pecus	César commandait du bétail
iis civitatibus,	à ces cités,
quæ accesserant	qui s'étaient ralliées
ad amicitiam ejus;	à l'amitié de lui;
dimittebat calones	il renvoyait les valets
ad civitates longinquiores;	dans les cités plus éloignées;
ipse tutabatur	lui-même soutenait
inopiam præsentem,	la disette présente
subsidiis	avec les ressources
quibus poterat.	par lesquelles il pouvait *la soutenir*.

LIII. Hæc Afranius Petreiusque et eorum amici pleniora etiam atque uberiora Romam ad suos perscribebant. Multa rumor fingebat, ut pæne bellum confectum videretur. Quibus litteris nunciisque Romam perlatis, magni domum concursus ad Afranium, magnæ gratulationes fiebant, multi ex Italia ad Cn. Pompeium proficiscebantur : alii, ut principes talem nuncium attulisse ; alii, ne eventum belli exspectasse, aut ex omnibus novissimi venisse viderentur.

LIV. Quum in his angustiis res esset atque omnes viæ ab Afranianis militibus equitibusque obsiderentur, nec pontes perfici possent, imperat militibus Cæsar, ut naves faciant, cujus generis eum superioribus annis usus Britanniæ docuerat. Carinæ primum ac statumina ex levi materia fiebant : reliquum corpus navium, viminibus contextum, coriis integebatur. Has perfectas carris junctis devehit noctu millia

LIII. Afranius, Petréius et leurs amis, en écrivant à leurs affidés de Rome, amplifiaient les choses et les exagéraient : le bruit public y ajoutait encore, en sorte que la guerre semblait terminée. Ces dépêches et ces nouvelles étant arrivées à Rome amenèrent un grand concours à la maison d'Afranius et de grandes félicitations; beaucoup de gens partent pour le camp de Pompée; les uns pour annoncer les premiers un si grand événement; d'autres, pour ne point paraître avoir attendu l'issue de la guerre et s'être déclarés les derniers.

LIV. Les choses étaient dans cette situation critique : l'infanterie, la cavalerie d'Afranius assiégeaient tous les chemins, et l'on ne pouvait rétablir les ponts, quand César ordonne aux soldats de faire des barques, telles qu'il en avait vues dans sa campagne de Bretagne. La quille et la carcasse étaient d'un bois léger, et le bordage d'un tissu d'osier revêtu de cuir. Quand elles sont prêtes, il les fait transporter de nuit, sur de doubles chariots, à vingt-deux milles

LIII. Afranius	LIII. Afranius
Petreiusque	et Pétréius
et amici eorum	et les amis d'eux
perscribebant Romam	écrivaient à Rome
ad suos	à leurs *amis*
hæc pleniora etiam	ces *faits* plus exagérés encore
atque uberiora.	et plus amplifiés.
Rumor	La rumeur
fingebat multa,	imaginait beaucoup-de-choses,
ut bellum videretur	de-sorte-que la guerre paraissait
pæne confectum.	presque achevée.
Quibus litteris nunciisque	Lesquelles lettres et nouvelles
perlatis Romam,	ayant été portées à Rome,
magni concursus	de grands concours *de gens*
fiebant domum	se faisaient à la maison
ad Afranium,	chez Afranius,
magnæ gratulationes :	et de grandes félicitations :
multi proficiscebantur	beaucoup-de *gens* partaient
ex Italia ad Cn. Pompeium :	de l'Italie vers Cn. Pompée :
alii, ut viderentur	les uns, pour qu'ils parussent
attulisse principes	avoir apporté les premiers
talem nuncium ;	une telle nouvelle ;
alii,	les autres,
ne exspectasse	pour qu'*ils ne parussent* pas avoir attendu
eventum belli,	l'issue de la guerre,
aut venisse	ou être venus
novissimi ex omnibus.	les derniers de tous.
LIV. Quum res esset	LIV. Comme la chose était
in his angustiis	dans cette situation-critique
atque omnes viæ	et *que* toutes les routes
obsiderentur	étaient assiégées
ab militibus equitibusque	par les soldats et les cavaliers
Afranianis,	d'-Afranius,
Cæsar imperat militibus,	César commande à *ses* soldats,
ut faciant naves,	qu'ils fissent des bateaux,
cujus generis	duquel genre
usus Britanniæ	l'expérience de la Bretagne
docuerat eum	avait instruit lui
annis superioribus.	dans les années précédentes.
Carinæ primum	Les carènes d'abord
ac statumina	et les varangues
fiebant ex materia levi :	étaient faites d'un bois léger :
reliquum corpus navium,	le reste-du corps des bateaux,
contextum viminibus,	tressé de branches-d'osier,
integebatur coriis.	était recouvert de cuirs.
Devehit noctu	Il fait-transporter de nuit
has perfectas	ces *bateaux* achevés

passuum a castris XXII, militesque his navibus flumen transportat continentemque ripæ collem improviso occupat. Hunc celeriter, prius quam ab adversariis sentiatur, communit. Huc legionem postea transjicit; atque ex utraque parte pontem institutum biduo perficit. Ita comitatus, et qui frumenti causa processerant, tuto ad se recipit, et rem frumentariam expedire incipit.

LV. Eodem die equitum magnam partem flumen transjecit, qui, inopinantes pabulatores et sine ullo dissipatos timore aggressi, quam magnum numerum jumentorum atque hominum intercipiunt; cohortibusque cetratis subsidio missis, scienter in duas partes sese distribuunt; alii, ut prædæ præsidio sint; alii, ut venientibus resistant atque eos propellant; unamque cohortem, quæ temere ante ceteras extra

au-dessus de son camp, et fait passer le fleuve à un détachement, qui s'empare d'une colline attenante à la rive. Il se hâte de la fortifier, avant que l'ennemi soit informé de rien : il y transporte ensuite une légion ; et, faisant travailler à la fois des deux côtés, établit un pont en deux jours. Par ce moyen, ses renforts et ses fourrageurs le rejoignirent sans danger, et il commença à se procurer du blé.

LV. Le même jour, il fit passer le Sicoris à une grande partie de sa cavalerie; elle surprend les Afraniens, qui fourrageaient sans ordre et sans crainte, leur enlève beaucoup d'hommes et de chevaux; et voyant des cohortes d'infanterie légère venir au secours, elle se forme habilement en deux divisions, l'une pour couvrir le butin, l'autre pour arrêter et repousser les ennemis : une cohorte, qui, pour charger, se porta témérairement en avant du reste de la ligne,

carris junctis	sur des chariots joints (doubles)
viginti et duo millia	à vingt et deux milliers
passuum	de pas
a castris,	de son camp
transportatque milites	et transporte ses soldats
his navibus flumen	sur ces bateaux au-delà-de la rivière
occupatque improviso	et s'empare à l'improviste
collum continentem ripæ.	d'une colline attenante à la rive.
Communit hunc celeriter,	Il fortifie cette colline rapidement,
priusquam sentiatur	avant que la chose soit connue
ab adversariis.	de ses adversaires.
Postea transjicit huc	Puis il fait-passer là
legionem ;	une légion ;
atque perficit biduo	et il achève en deux-jours
pontem institutum	un pont commencé
ex utraque parte.	de l'un-et-l'autre côté à la fois.
Ita recipit tuto ad se	Ainsi il reçoit sûrement près de lui
comitatus,	ses convois,
et qui processerant	et ceux qui s'étaient avancés
causa frumenti,	en-vue de provisions de blé,
et incipit expedire	et il commence à rendre-facile
rem frumentariam.	l'approvisionnement de-blé.
LV. Eodem die	LV. Le même jour
transjecit flumen	il jeta-au-delà de la rivière
magnam partem equitum,	une grande partie de ses cavaliers,
qui, aggressi	qui, ayant attaqué
pabulatores inopinantes	les fourrageurs ne-s'y-attendant-pas
et dissipatos	et dispersés
sine ullo timore,	sans aucune crainte,
intercipiunt	interceptent
quam magnum numerum	le plus grand nombre qu'ils peuvent
jumentorum	de bêtes-de-somme
atque hominum;	et d'hommes ;
cohortibusque	et des cohortes
cetratis	armées-de-petits-boucliers
missis subsidio,	ayant été envoyées à leur secours,
sese distribuunt scienter	ils se divisent habilement
in duas partes ;	en deux parties ;
alii,	les uns, [garde]
ut sint præsidio	pour qu'ils soient à soutien (servent de
prædæ ;	au butin
alii, ut resistant	les autres, pour qu'ils résistent
venientibus	aux ennemis venant
atque propellant eos :	et qu'ils repoussent eux :
circumveniuntque	et ils enveloppent
atque interficiunt	et taillent-en-pièces
unam cohortem,	une cohorte,

aciem procurrerat, seclusam ab reliquis circumveniunt atque interficiunt, incolumesque cum magna præda eodem ponte in castra revertuntur.

LVI. Dum hæc ad Ilerdam geruntur, Massilienses, usi L. Domitii consilio, naves longas expediunt, numero XVII, quarum erant XI tectæ. Multa huc minora navigia addunt, ut ipsa multitudine nostra classis terreatur : magnum numerum sagittariorum, magnum Albicorum, de quibus supra demonstratum est, imponunt, atque hos præmiis pollicitationibusque incitant. Certas sibi deposcit naves Domitius atque colonis pastoribusque, quos secum adduxerat, complet. Sic, omnibus rebus instructa classe, magna fiducia ad nostras naves procedunt, quibus præerat D. Brutus. Illæ ad insulam, quæ est contra Massiliam, stationes obtinebant.

LVII. Erat multo inferior navium numero Brutus : sed delectos ex omnibus legionibus fortissimos viros antesignanos

fut coupée, enveloppée, taillée en pièces, et nos gens repassèrent le pont sans perte, avec un grand butin.

LVI. Tandis que cela se passe près d'Ilerda, les Marseillais, par le conseil de Domitius, arment dix-sept galères, dont onze pontées, et y joignent beaucoup de bâtiments plus petits, pour que le nombre seul intimide notre flotte : ils y embarquent beaucoup d'archers, beaucoup de ces Albiques, cités plus haut, et les animent par des gratifications et des promesses. Domitius demande quelques vaisseaux à part et les remplit des laboureurs et des pâtres qu'il avait amenés; puis, toute la flotte, complétement équipée, vogue en toute confiance contre la nôtre, que commandait Brutus. Celle-ci était stationnée près d'une île, en face de Marseille.

LVII. Brutus avait bien moins de vaisseaux; mais César avait

quæ procurrerat temere	qui avait couru témérairement
ante ceteras	en avant des autres
extra aciem,	en dehors de la ligne-de-bataille,
seclusam ab reliquis,	et séparée des *cohortes* restantes,
revertunturque incolumes	et ils reviennent sains-et-saufs
in castra	dans le camp
eodem ponte	par le même pont
cum magna præda.	avec un grand butin.
LVI. Dum hæc geruntur	LVI. Tandis que ces choses se font
ad Ilerdam,	près d'Ilerda,
Massilienses, usi	les Marseillais, ayant profité
consilio L. Domitii,	du conseil de L. Domitius,
expediunt naves longas,	préparent des vaisseaux longs,
septem et decem numero,	dix et sept (dix-sept) en nombre,
quarum undecim	desquels onze
erant tectæ.	étaient pontés.
Addunt huc	Ils ajoutent à-cela
multa navigia minora	beaucoup de bâtiments moindres
ut nostra classis	afin que notre flotte
terreatur	soit effrayée
multitudine ipsa :	par *leur* multitude même :
imponunt	ils y embarquent
magnum numerum	un grand nombre
sagittariorum,	d'archers,
magnum Albicorum,	un grand nombre d'Albiques, [ments,
de quibus demonstratum est,	sur lesquels on a donné-des-renseigne-
atque incitant hos	et ils excitent eux
præmiis	par des récompenses
pollicitationibusque	et par des promesses.
Domitius deposcit sibi	Domitius demande pour lui-même
naves certas	des vaisseaux déterminés (à part)
atque complet has	et remplit eux
colonis pastoribusque,	de colons et de pâtres,
quos adduxerat secum.	qu'il avait amenés avec-lui.
Sic, classe instructa	Ainsi, la flotte étant équipée
omnibus rebus,	de toutes choses,
procedunt	ils s'avancent
magna fiducia	avec grande confiance
ad nostras naves,	vers nos vaisseaux,
quibus præerat D. Brutus.	que commandait D. Brutus.
Hæ obtinebant stationes	Ces *vaisseaux* occupaient des postes
ad insulam,	près d'une île,
quæ est contra Massiliam.	qui est en face de Marseille.
LVII. Brutus	LVII. Brutus
erat multo inferior	était de beaucoup inférieur
numero navium :	en nombre de vaisseaux :
sed Cæsar	mais César

centuriones Cæsar ei classi attribuerat, qui sibi id muneris depoposcerant. Ii manus ferreas atque harpagones paraverant; magnoque numero pilorum, tragularum, reliquorumque telorum se instruxerant. Ita, cognito hostium adventu, suas naves ex portu educunt, cum Massiliensibus confligunt. Pugnatum utrinque est fortissime atque acerrime ; neque multum Albici nostris virtute cedebant, homines asperi et montani, exercitati in armis : atque ii, modo digressi a Massiliensibus, recentem eorum pollicitationem animis continebant; pastoresque indomiti, spe libertatis excitati, sub oculis domini suam probare operam studebant.

LVIII. Ipsi Massilienses, et celeritate navium, et scientia gubernatorum confisi, nostros eludebant impetusque eorum excipiebant; et, quoad licebat latiore spatio, producta lon-

attaché à la flotte, comme centurions, l'élite de toutes les légions, les hastaires les plus braves qui s'étaient offerts pour ce service. Ils avaient préparé des grappins et des crocs et s'étaient munis d'une grande quantité de javelots, de piques et d'autres armes. Voyant donc les ennemis s'avancer, ils sortent du port, et l'action s'engage. Elle fut des deux côtés très-vive et très-opiniâtre. Les Albiques ne nous le cédaient guère en valeur; ces âpres montagnards, exercés à manier les armes, se rappelaient les promesses récentes des Marseillais, et les pâtres, gens féroces, animés par l'espoir de la liberté, s'efforçaient de se distinguer sous les yeux de leur maître.

LVIII. D'un autre côté, les Marseillais, comptant sur l'adresse de leurs timoniers et sur la légèreté de leurs vaisseaux, évitaient les nôtres et esquivaient leur choc : étendant leur ligne, autant que le

attribuerat ei classi	avait assigné à cette flotte
centuriones	*comme* centurions
antesignanos	des *soldats* d'avant-garde
viros fortissimos	hommes très-courageux
delectos	choisis
ex omnibus legionibus,	de (parmi) toutes les légions,
qui depoposcerant sibi	qui avaient réclamé pour eux-mêmes
id muneris.	cette *partie* du service.
Ii paraverant	Ceux-ci avaient préparé
manus ferreas	des mains de-fer
atque harpagones;	et des grappins;
seque instruxerant	et ils s'étaient munis
magno numero pilorum,	d'un grand nombre de javelots,
tragularum,	de piques,
reliquorumque telorum.	et de tous-les-autres traits.
Ita, adventu hostium	Ainsi, l'arrivée des ennemis
cognito,	étant connue,
educunt ex portu	ils font-sortir du port
suas naves,	leurs vaisseaux,
confligunt	*et* engagent-la-lutte
cum Massiliensibus.	avec les Marseillais.
Pugnatum est utrinque	On combattit de-part-et-d'autre
fortissime atque acerrime;	très-vaillamment et très-vivement;
neque Albici	et les Albiques
cedebant multum	ne *le* cédaient pas beaucoup
nostris virtute,	aux nôtres en courage,
homines asperi	*étant* hommes farouches
et montani,	et montagnards
exercitati in armis:	exercés dans les armes:
atque ii,	et ceux-ci,
digressi modo	s'étant séparés récemment
a Massiliensibus,	des Marseillais,
continebant animis	gardaient dans *leurs* cœurs
pollicitationem recentem	la promesse récente
eorum;	d'eux;
pastoresque indomiti,	et les pâtres indomptés,
excitati	excités
spe libertatis,	par l'espoir de la liberté,
studebant	s'efforçaient
probare suam operam	de faire-valoir leur service
sub oculis domini.	sous les yeux de *leur* maître.
LVIII. Massilienses ipsi,	LVIII. Les Marseillais eux-mêmes,
confisi	confiants
et celeritate navium,	et dans la célérité de *leurs* vaisseaux,
et scientia gubernatorum,	et dans la science de *leurs* pilotes,
eludebant nostros	esquivaient les nôtres
excipiebantque	et épiaient

gius acie circumvenire nostros, aut pluribus navibus adoriri singulas, aut remos transcurrentes detergere, si possent, contendebant; quum propius erat necessario ventum, ab scientia gubernatorum atque artificiis ad virtutem montanorum confugiebant. Nostri, quod minus exercitatis remigibus minusque peritis gubernatoribus utebantur (qui repente ex onerariis navibus erant producti, neque dum etiam vocabulis armamentorum cognitis), tum etiam gravitate et tarditate navium impediebantur : factæ enim subito ex humida materia non eumdem usum celeritatis habebant. Itaque, dum locus cominus pugnandi daretur, æquo animo singulas binis navibus objiciebant atque injecta manu ferrea, et retenta utraque nave, diversi pugnabant atque in hostium naves transcendebant; et, magno numero Albicorum et pasto-

lieu le permettait, ils essayaient de nous tourner, de tomber plusieurs sur un seul navire, ou de briser nos rames en passant : quand, malgré leurs ruses et l'art de leurs pilotes, ils étaient forcés de se mesurer de près, ils avaient recours à la valeur des montagnards. Nos rameurs étaient moins exercés, nos timoniers moins habiles : pris à la hâte dans des vaisseaux de charge, ils ne savaient pas même le nom des agrès, et se trouvaient encore déconcertés par la pesanteur et la mauvaise marche des vaisseaux, qui, construits en bois vert, n'avaient aucune légèreté. Mais, dès qu'on pouvait combattre de près, un des nôtres se mettait sans hésiter entre deux navires ennemis, puis, les accrochant l'un et l'autre avec des mains de fer, on se battait de droite et de gauche et l'on passait sur le bord ennemi. On fit

impetus eorum;	les attaques d'eux ;
et, acie producta longius,	et, *leur* ligne étant étendue plus loin,
quoad licebat	autant-que il était permis
spatio latiore,	dans un espace un-peu-large,
contendebant	s'efforçaient
circumvenire nostros,	d'envelopper les nôtres,
aut adoriri singulas	ou d'attaquer des *vaisseaux* isolés
pluribus navibus,	avec plusieurs vaisseaux,
aut transcurrentes,	ou passant-rapidement
detergere remos,	de briser *nos* rames,
si possent;	s'ils *le* pouvaient ;
quum ventum erat propius	lorsqu'on était venu plus près
necessario,	qu'*il n'était* nécessaire,
confugiebant	ils recouraient
ab scientia gubernatorum	de la science de *leurs* pilotes
atque artificiis	et de *leurs* ruses
ad virtutem montanorum.	à la valeur des montagnards.
Nostri,	Les nôtres,
quod utebantur remigibus	parce qu'ils usaient de rameurs
minus exercitatis	moins exercés
gubernatoribusque	et de pilotes
minus peritis	moins habiles
(qui producti erant repente	(lesquels avaient été tirés tout-à-coup
ex navibus onerariis,	des navires de-charge,
neque dum etiam	pas même encore
vocabulis armamentorum	les noms des agrès
cognitis),	ne *leur* étant connus),
impediebantur tum etiam	étaient entravés alors aussi
gravitate et tarditate	par la pesanteur et la lenteur
navium :	*c*es vaisseaux :
factæ enim subito	car *ces vaisseaux* faits subitement
ex materia humida	de bois humide
non habebant eumdem usum	n'avaient pas le même usage
celeritatis.	de célérité.
Itaque, dum locus	Aussi, dès-que le lieu (l'occasion)
pugnandi cominus	de combattre de près
daretur,	était donné,
objiciebant animo æquo	ils opposaient d'une âme égale
singulas	des *vaisseaux* isolés
binis navibus	à deux vaisseaux
atque manu ferrea	et une main de-fer
injecta,	étant jetée-sur *eux*,
et utraque nave	et l'un-et-l'autre vaisseau
retenta,	étant retenu,
pugnabant diversi	ils combattaient des-deux-côtés
atque transcendebant	et montaient
in naves hostium;	sur les vaisseaux des ennemis;

rum interfecto, partem navium deprimunt; nonnullas cum hominibus capiunt; reliquas in portum compellunt. Eo die naves Massiliensium cum iis, quæ sunt captæ, intereunt novem.

LIX. Hoc primum Cæsari ad Ilerdam nunciatur; simul, perfecto ponte, celeriter fortuna mutatur. Illi, perterriti virtute equitum, minus libere, minus audacter vagabantur; alias, non longo ab castris progressi spatio, ut celerem receptum haberent, angustius pabulabantur, alias longiore circuitu: custodias stationesque equitum vitabant, aut, aliquo accepto detrimento, aut procul equitatu viso, ex medio itinere projectis sarcinis fugiebant. Postremo et plures intermittere dies, et, præter consuetudinem omnium, noctu constituerant pabulari.

LX. Interim Oscenses et Calagurritani, qui erant cum Oscensibus contributi, mittunt ad eum legatos seseque imperata

un grand carnage d'Albiques et de pâtres, on coula bas quelques vaisseaux, on en prit plusieurs et l'on rejeta le reste dans le port. Ce jour-là, les Marseillais perdirent neuf galères, enlevées ou coulées à fond.

LIX. Au moment où César reçut la nouvelle de ce succès, l'on achevait le pont : les choses changèrent bientôt de face. Les Afraniens, redoutant la valeur de notre cavalerie, furent moins hardis et plus circonspects dans leurs courses : ils se bornaient à fourrager à peu de distance de leur camp, afin d'être à portée de s'y réfugier, ou prenaient de longs détours, évitant nos gardes et les postes de notre cavalerie. S'ils recevaient quelque échec, ou qu'ils la découvrissent de loin, ils jetaient leur charge dans le chemin et s'enfuyaient. Enfin, restant plusieurs jours sans sortir, ils se mirent, contre tout usage, à fourrager de nuit.

LX. Cependant les Oscensiens et les Calagurritains leurs alliés députent vers César et lui demandent ses ordres. Leur exemple est

et magno numero interfecto Albicorum et pastorum,	et un grand nombre ayant été tué d'Albiques et de pâtres,
deprimunt partem navium ;	ils coulent-bas une partie des vaisseaux ;
capiunt nonnullas cum hominibus ;	ils en prennent quelques-uns avec les hommes *qui les montaient;*
compellunt in portum reliquas.	ils rejettent dans le port les restants.
Eo die novem naves Massiliensium intereunt cum iis, quæ captæ sunt.	Ce jour-là neuf vaisseaux des Marseillais périssent avec (outre) ceux qui furent pris.
LIX. Hoc nunciatur Cæsari primum ad Ilerdam ;	LIX. Cela est annoncé à César d'abord (pour la première fois) près d'Ilerda ;
simul, ponte perfecto, fortuna mutatur celeriter.	en-même-temps, le pont étant achevé, la fortune change rapidement.
Illi, perterriti virtute equitum, vagabantur minus libere, minus audacter ;	Ceux-là (les Afraniens), effrayés par la valeur de *nos* cavaliers, couraient-çà-et-là moins librement, moins hardiment ;
alias, progressi spatio non longo ab castris, ut haberent celerem receptum, pabulabantur angustius ;	tantôt, s'étant avancés à une distance non éloignée de *leur* camp, pour qu'ils eussent une prompte retraite, ils fourrageaient plus à-l'étroit ;
alias circuitu longiore, vitabant custodias stationesque equitum, aut, aliquo detrimento accepto, aut equitatu viso procul, sarcinis projectis ex medio itinere fugiebant.	tantôt *ils s'avançaient* par un détour plus long, ils évitaient les gardes et les postes de *nos* cavaliers, ou, quelque échec étant reçu, ou *notre* cavalerie étant vue de loin, *leurs* bagages étant jetés dès le milieu-du chemin ils fuyaient.
Postremo constituerant et intermittere plures dies, et pabulari noctu, præter consuetudinem omnium	Enfin ils avaient entrepris et de laisser-passer plusieurs jours, et de fourrager de nuit, contre l'habitude de tous.
LX. Interim Oscenses et Calagurritani, qui erant contributi cum Oscensibus, mittunt ad eum legatos	LX. Cependant les Oscensiens et les Calagurritains, qui étaient unis avec les Oscensiens, envoient vers lui (César) des députés

facturos pollicentur. Hos Tarraconenses et Jacetani et Ausetani et paucis post diebus Illurgavonenses, qui flumen Iberum attingunt, insequuntur. Petit ab his omnibus, ut se frumento juvent: pollicentur, atque, omnibus undique conquisitis jumentis, in castra deportant. Transit etiam cohors Illurgavonensis ad eum, cognito civitatis consilio, et signa ex statione transfert. Magna celeriter commutatio rerum. Perfecto ponte, magnis quinque civitatibus ad amicitiam adjunctis, expedita re frumentaria, exstinctis rumoribus de auxiliis legionum, quæ cum Pompeio per Mauritaniam venire dicebantur, multæ longinquiores civitates ab Afranio desciscunt et Cæsaris amicitiam sequuntur.

LXI. Quibus rebus perterritis animis adversariorum, Cæsar, ne semper magno circuitu per pontem equitatus esset mittendus, nactus idoneum locum, fossas pedum triginta in

suivi par les Tarraconiens, les Jacétains, les Ausétains, et peu de temps après par les Illurgavoniens, peuple voisin de l'Èbre : il leur demande à tous du blé ; ils en promettent et, ramassant de tous côtés des bêtes de somme, ils approvisionnent le camp. Une cohorte illurgavonienne, informée du parti qu'a pris sa cité, passe même avec ses enseignes du côté de César. Tout avait changé dans un moment ; nous avions un pont, cinq grandes cités s'étaient attachées à nous, on ne manquait plus de blé, et l'on ne parlait plus des légions que Pompée devait amener par la Mauritanie ; aussi plusieurs cités éloignées abandonnèrent le parti d'Afranius pour s'attacher à César.

LXI. Ces événements ayant consterné l'ennemi, César, afin que sa cavalerie n'eût pas toujours un grand détour à faire pour passer sur le pont, trouvant un endroit propice, fit commencer plusieurs

pollicenturque	et promettent
sese facturos imperata.	eux devoir faire les choses commandées.
Tarraconenses	Les Tarraconiens
et Iacetani	et les Jacétains
et Ausetani	et les Ausétains
et paucis diebus post	et peu-de jours après
Illurgavonenses,	les Illurgavoniens,
qui attingunt	qui touchent
flumen Iberum,	au fleuve de l'Èbre,
insequuntur hos.	suivent ceux-ci.
Petit ab his omnibus,	Il (César) demande à eux tous,
ut juvent se frumento :	qu'ils aident lui de blé :
pollicentur,	ils promettent *de le faire*,
atque, omnibus jumentis	et, toutes les bêtes-de-somme
conquisitis undique,	ayant été requises de-tous-côtés,
deportant in castra.	ils apportent *du blé* au camp.
Cohors Illurgavonensis	Une cohorte illurgavonienne
transit etiam ad eum,	passe même à lui,
consilio civitatis cognito,	le projet de *sa* cité étant connu,
et transfert signa	et transporte *ses* enseignes
ex statione.	du poste *où elle était*.
Magna commutatio	Un grand changement
rerum	de choses (de fortune)
celeriter.	*se fait* rapidement.
Ponte perfecto,	Le pont étant achevé,
quinque magnis civitatibus	cinq grandes cités
adjunctis ad amicitiam,	s'étant ralliées à *son* amitié,
re frumentaria	l'approvisionnement de-blé
expedita,	étant facilité
rumoribus exstinctis	les bruits étant éteints
de auxiliis legionum,	relativement-aux secours des légions,
quæ dicebantur venire	qui étaient dites venir
per Mauritaniam	à travers la Mauritanie
cum Pompeio,	avec Pompée,
multæ civitates	beaucoup-de cités
longinquiores	plus éloignées
desciscunt ab Afranio	se détachent d'Afranius
et sequuntur amicitiam	et suivent l'amitié
Cæsaris.	de César.
LXI. Quibus rebus	LXI. Par lesquelles choses
animis adversariorum	les esprits des ennemis
perterritis,	étant effrayés,
Cæsar, ne equitatus	César, pour que *sa* cavalerie
esset mittendus semper	ne fût pas à envoyer toujours
per pontem	par le pont
magno circuitu,	avec un grand détour,
nactus locum idoneum,	ayant trouvé un lieu propice,

latitudinem complures facere instituit, quibus partem aliquam Sicoris averteret vadumque in eo flumine efficeret. His pæne effectis, magnum in timorem Afranius Petreiusque perveniunt, ne omnino frumento pabuloque intercluderentur; quod multum Cæsar equitatu valebat. Itaque constituunt ipsi iis locis excedere et in Celtiberiam bellum transferre. Huic consilio suffragabatur etiam illa res, quod ex duobus contrariis generibus, quæ superiore bello cum L. Sertorio steterant civitates, victæ nomen atque imperium absentis timebant; quæ in amicitia manserant, Pompeii magnis affectæ beneficiis eum diligebant : Cæsaris autem in barbaris erat nomen obscurius. Hinc magnos equitatus magnaque auxilia exspectabant et suis locis bellum in hiemem ducere cogitabant. Hoc

tranchées larges de trente pieds, pour y détourner en partie le Sicoris et le rendre guéable. L'ouvrage étant presque achevé, Afranius et Pétréius vinrent à craindre sérieusement que César, bien plus fort en cavalerie, ne leur coupât tout à fait les vivres et le fourrage : ils résolurent donc de quitter ces cantons et de transporter la guerre en Celtibérie. Ce qui venait à l'appui de ce dessein, c'est que les cités, qui avaient tenu jadis le parti de Sertorius et que Pompée avait vaincues, redoutaient, quoiqu'il fût absent, son nom et son pouvoir; tandis qu'il était très-aimé de celles qui lui avaient été attachées, et qu'il avait comblées de bienfaits : quant au nom de César, il était peu connu de ces barbares. esAfraniens en attendaient beaucoup de cavalerie, beaucoup d'infanterie et comptaient traîner la guerre dans leur pays jusqu'à l'hiver. Ce parti pris, ils ordonnent de rassembler

instituit facere	entreprend de faire
complures fossas	plusieurs fossés
triginta pedum	de trente pieds
in latitudinem,	en largeur,
quibus averteret	par lesquels il détournât
aliquam partem Sicoris	quelque partie du Sicoris
efficeretque vadum	et formât un gué
in eo flumine.	dans cette rivière.
His effectis pæne,	Ces *fossés* étant achevés presque,
Afranius Petreiusque	Afranius et Pétréius
perveniunt	en viennent
in magnum timorem,	à une grande crainte,
ne intercluderentur omnino	qu'ils ne fussent coupés entièrement
frumento pabuloque;	de blé et de fourrage;
quod Cæsar valebat multum	parce que César était-fort beaucoup
equitatu.	en cavalerie.
Itaque constituunt	C'est-pourquoi ils décident
excedere ipsi	de se retirer eux-mêmes
iis locis	de ces lieux
et transferre bellum	et de transporter la guerre
in Celtiberiam.	en Celtibérie.
Illa res etiam	Cette chose aussi
suffragabatur huic consilio,	venait-à-l'appui de ce dessein,
quod civitates	c'*est* que les cités
ex duobus generibus	de deux espèces
contrariis,	contraires,
quæ steterant	*celles* qui s'étaient tenues
cum L. Sertorio	avec L. Sertorius
bello superiore,	dans la guerre précédente,
victæ	vaincues
timebant nomen	redoutaient le nom
atque imperium absentis;	et le pouvoir de l'absent (Pompée);
quæ manserant	*celles* qui étaient restées
in amicitia,	dans *son* amitié,
affectæ magnis beneficiis	gratifiées des grands bienfaits
Pompeii,	de Pompée,
diligebant eum :	chérissaient lui :
nomen autem Cæsaris	mais le nom de César
erat obscurius	était plus obscur
in barbaris.	chez les barbares.
Exspectabant	Ils (les Afraniens) attendaient
hinc	de-là (de ces cités)
magnos equitatus	de grands corps-de-cavalerie
magnaque auxilia	et de grands secours
et cogitabant	et ils songeaient
ducere bellum in hiemem	à prolonger la guerre jusqu'à l'hiver
suis locis.	dans leurs localités.

inito consilio, toto flumine Ibero naves conquirere et Octogesam adduci jubent. Id erat oppidum positum ad Iberum, milliaque passuum a castris aberat viginti. Ad eum locum fluminis, navibus junctis, pontem imperant fieri, legionesque duas flumen Sicorim transducunt castraque muniunt vallo pedum duodecim.

LXII. Qua re per exploratores cognita, summo labore militum Cæsar, continuato diem noctemque opere in flumine avertendo, huc jam deduxerat rem, ut equites, etsi difficulter atque ægre fiebat, possent tamen atque auderent flumen transire; pedites vero tantummodo humeris ac summo pectore exstare, et quum altitudine aquæ, tum etiam rapiditate fluminis ad transeundum impedirentur. Sed tamen eodem fere tempore pons in Ibero prope effectus nunciabatur et in Sicori vadum reperiebatur.

LXIII. Jam vero eo magis illi maturandum iter existima-

toutes les barques de l'Èbre et de les amener à Octogésa, ville située sur ce fleuve à vingt milles de leur camp, pour y établir un pont, et forment au delà du Sicoris un camp de deux légions, fortifié d'un rempart de douze pieds.

LXII. César, en étant instruit par ses coureurs, fit pousser les tranchées jour et nuit; et déjà le soldat, à force de travail, avait assez avancé l'ouvrage, pour que la cavalerie osât et pût, quoique avec beaucoup de peine, traverser la rivière : pour l'infanterie, qui n'aurait eu que les épaules et la poitrine hors de l'eau, la profondeur et la rapidité du courant ne lui permettaient pas de passer. Enfin on apprit que le pont sur l'Èbre s'achevait presque en même temps que le Sicoris se trouva guéable.

LXIII. Ce fut pour les ennemis un motif de plus de hâter leur

Hoc consilio inito,	Ce dessein formé,
jubent conquirere naves	ils ordonnent de chercher des vaisseaux
toto flumine Ibero	le-long-de tout le fleuve de l'Èbre
et adduci	et ces vaisseaux être amenés
Octogesam.	à Octogésa.
Id oppidum erat positum	Cette ville était assise
ad Iberum,	sur l'Èbre,
aberatque a castris	et était-distante du camp
viginti millia passuum.	de vingt milliers de pas.
Imperant pontem fieri	Ils commandent un pont être fait
ad eum locum fluminis,	à cet endroit du fleuve,
navibus junctis,	au-moyen-de bateaux joints ensemble,
transducuntque	et font-passer
duas legiones	deux légions
flumen Sicorim	au-delà de la rivière du Sicoris
muniuntque castra	et fortifient leur camp
vallo duodecim pedum.	d'un retranchement de douze pieds.
LXII. Quare cognita	LXII. Laquelle chose étant connue
per exploratores,	par ses éclaireurs,
Cæsar,	César,
summo labore militum,	par l'extrême travail de ses soldats,
opere continuato	l'ouvrage ayant été continué
diem noctemque	jour et nuit
in avertendo flumine,	pour détourner la rivière,
deduxerat rem jam huc,	avait amené la chose déjà à-ce-point,
ut equites, etsi fiebat	que les cavaliers, bien que cela se fît
difficulter atque ægre,	difficilement et avec-peine,
possent tamen	pouvaient cependant
atque auderent	et osaient
transire flumen ;	traverser la rivière ;
pedites vero	mais les fantassins
exsistere	pouvaient dépasser l'eau
tantummodo humeris	seulement des épaules
ac summo pectore,	et par le haut-de la poitrine,
et impedirentur	et étaient entravés
ad transeundum	pour traverser la rivière
quum altitudine aquæ,	soit par la profondeur de l'eau,
tum etiam rapiditate	soit aussi par la rapidité
fluminis.	du courant.
Sed tamen	Mais cependant
fere eodem tempore	à-peu-près en même temps
pons nunciabatur	le pont était annoncé
prope effectus in Ibero	être presque achevé sur l'Èbre
et vadum reperiebatur	et un gué était trouvé
in Sicori.	dans le Sicoris.
LXIII. Jam vero	LXIII. Or déjà
illi existimabant	ceux-là (les Afraniens) pensaient

bant. Itaque, duabus auxiliaribus cohortibus Ilerdæ præsidio relictis, omnibus copiis Sicorim transeunt et cum duabus legionibus, quas superioribus diebus transduxerant, castra conjungunt. Relinquebatur Cæsari nihil, nisi uti equitatu agmen adversariorum male haberet et carperet : pons enim ipsius magnum circuitum habebat, ut multo breviore itinere illi ad Iberum pervenire possent. Equites ab eo missi flumen transeunt, et, quum de tertia vigilia Petreius atque Afranius castra movissent, repente sese ad novissimum agmen ostendunt, et, magna multitudine circumfusa, morari atque iter impedire incipiunt.

LXIV. Prima luce ex superioribus locis, quæ Cæsaris castris erant conjuncta, cernebatur, equitatus nostri prœlio novissimos illorum premi vehementer, ac nonnunquam subsistere extremum agmen atque interrumpi ; alias inferri signa et universarum cohortium impetu nostros propelli ; dein rur-

départ : laissant donc deux cohortes auxiliaires en garnison à Ilerda, ils passent le Sicoris avec toutes leurs forces, et rejoignent dans leur camp les deux légions parties en avant. César ne pouvait qu'inquiéter et harceler leur armée avec sa cavalerie ; car le pont nécessitait un circuit beaucoup plus long que le chemin à faire pour gagner l'Èbre. César fait donc passer le Sicoris à sa cavalerie, qui, lorsque les Pompéïens lèvent leur camp à la troisième veille, se montre tout à coup à leur arrière-garde et, se déployant en force, commence à les retarder et à les inquiéter dans leur marche.

LXIV. A la pointe du jour, on la voyait, des hauteurs qui touchaient au camp de César, presser vivement les derniers rangs : tantôt cette arrière-garde s'arrêtait et suspendait sa marche ; tantôt toutes les cohortes chargeaient et repoussaient notre cavalerie, qui re-

iter maturandum	la route devoir être hâtée
eo magis.	pour cela davantage.
Itaque, duabus cohortibus	Aussi, deux cohortes
auxiliaribus	auxiliaires
relictis Ilerdæ præsidio,	étant laissées à Ilerda pour garnison,
transeunt Sicorim	ils traversent le Sicoris
omnibus copiis	avec toutes *leurs* troupes
et conjungunt castra	et rejoignent *leur* camp
cum duabus legionibus,	avec les deux légions
quas transduxerant	qu'ils y avaient fait-passer
diebus superioribus.	les jours précédents.
Nihil relinquebatur	Rien n'était laissé (ne restait)
Cæsari,	à César,
nisi uti equitatu	sinon que avec *sa* cavalerie
male haberet et carperet	il maltraitât et harcelât
agmen adversariorum :	l'armée des ennemis :
pons enim ipsius	car le pont de lui-même
habebat	avait (nécessitait)
magnum circuitum	un grand détour,
ut illi possent	de-sorte-que eux pouvaient
pervenire ad Iberum	parvenir jusqu'à l'Èbre
itinere multo breviore.	par un chemin beaucoup plus court.
Equites missi ab eo	Les cavaliers envoyés par lui
transeunt flumen,	traversent la rivière,
et, quum Petreius	et, comme Pétréius
atque Afranius	et Afranius
movissent castra	avaient-mis-en-mouvement (levé) *leur* [camp
de tertia vigilia,	dès la troisième veille,
sese ostendunt repente	ils se montrent tout-à-coup
ad novissimum agmen	vers la dernière troupe-en-marche,
et, magna multitudine	et, une grande multitude
circumfusa,	s'étant déployée-tout-autour,
incipiunt morari	ils commencent à retarder
atque impedire iter.	et à entraver *leur* marche.
LXIV. Prima luce	LXIV. A la première lueur *du jour*
ex locis superioribus,	des lieux supérieurs,
quæ erant conjuncta	qui étaient attenants
castris Cæsaris,	au camp de César,
cernebatur	on voyait
novissimos illorum	les derniers d'eux (des ennemis)
premi vehementer	être pressés vivement
prœlio nostri equitatus,	par le combat de notre cavalerie,
ac extremum agmen	et l'extrémité-de la troupe
subsistere nonnunquam	faire-halte de-temps-en-temps
atque interrumpi :	et être rompue :
alias signa inferri	tantôt les enseignes être portées-en-avant
et nostros propelli impetu	et les nôtres être repoussés par le choc

sus conversos insequi. Totis vero castris milites circulari et dolere, hostem ex manibus dimitti, bellum non necessario longius duci : centuriones tribunosque militum adire atque obsecrare, ut per eos Cæsar certior fieret, ne labori suo neu periculo parceret : paratos esse sese, posse et audere ea transire flumen, qua transductus esset equitatus. Quorum studio et vocibus excitatus Cæsar, etsi timebat tantæ magnitudinis flumini exercitum objicere, conandum tamen atque experiendum judicat. Itaque infirmiores milites ex omnibus centuriis deligi jubet, quorum aut animus aut vires videbantur sustinere non posse : hos cum legione una præsidio castris relinquit : reliquas legiones expeditas educit, magnoque numero jumentorum in flumine supra atque infra constituto, transducit exercitum. Pauci ex his militibus, vi fluminis abrepti,

commençait à les serrer de près, dès qu'elles continuaient leur route. A cette vue les soldats s'attroupent : ils se plaignent qu'on laisse échapper l'ennemi, qu'on prolonge sans nécessité la guerre : ils s'adressent aux centurions et aux tribuns, en les suppliant d'assurer César, « qu'il ne devait leur épargner ni fatigues ni dangers; qu'ils étaient prêts à tout; qu'ils pouvaient, qu'ils oseraient passer au même gué que la cavalerie. » César cède à leur ardeur et à leurs prières, et, quoiqu'il lui répugne de hasarder une armée dans un fleuve aussi profond, il juge devoir tenter l'événement; il ordonne donc de faire sortir des rangs tous ceux qui n'annonçaient pas assez de vigueur ou d'énergie, et les laisse avec une légion pour garder le camp : il prend le reste des troupes, sans bagages; et, plaçant un grand nombre de bêtes de somme au-dessus et au-dessous du courant, il passe avec son armée. Quelques soldats, entraînés par la force de l'eau, furent secourus et retirés par la cavalerie, et per-

universarum cohortium ;	de toutes les cohortes ;
dein conversos rursus	puis *les nôtres* se retournant de-nouveau
insequi.	*les* poursuivre.
Totis vero castris	Or dans tout le camp
milites circulari	les soldats de s'attrouper
et dolere, hostem	et de se plaindre, *disant* l'ennemi
dimitti ex manibus,	être lâché de *leurs* mains,
bellum duci longius	la guerre être traînée trop-en-longueur
non necessario :	non nécessairement (sans nécessité):
adire centuriones	d'aller-trouver les centurions
tribunosque militum	et les tribuns des soldats
atque obsecrare,	et de *les* supplier,
ut Cæsar	pour que César
fieret certior per eos,	devînt plus assuré (fût instruit) par eux,
ne parceret suo labori	qu'il n'épargnât *ni* leur peine
neu periculo :	ni *leur* danger :
sese esse paratos,	eux être prêts,
posse et audere	*eux* pouvoir et oser
transire flumen	traverser la rivière
ea qua equitatus	par-là par-où la cavalerie
transductus esset.	avait été conduite.
Studio et vocibus quorum	Par l'ardeur et les paroles desquels
Cæsar excitatus,	César excité,
etsi timebat	quoiqu'il craignît
objicere exercitum flumini	d'exposer *son* armée à une rivière
tantæ magnitudinis,	d'une si-grande étendue,
tamen judicat	cependant juge
conandum	devoir faire-un-effort
atque experiendum.	et devoir tenter-l'épreuve.
Itaque jubet deligi	Donc il ordonne être choisis
ex omnibus centuriis	de toutes les centuries
milites infirmiores,	les soldats plus faibles,
quorum aut animus	desquels ou le courage
aut vires videbantur	ou les forces paraissaient
non posse sustinere :	ne pouvoir soutenir *l'épreuve :*
relinquit hos	il laisse ceux-ci
cum una legione	avec une-seule légion
præsidio castris ;	pour garde au camp :
educit reliquas legiones	il fait-sortir le reste-des légions
expeditas,	armées-à-la-légère,
magnoque numero	et un grand nombre
jumentorum	de bêtes-de-somme
constituto in flumine	étant placé sur la rivière
supra atque infra,	au-dessus et au-dessous *du courant*,
transducit exercitum.	il fait-passer *son* armée.
Pauci ex his militibus,	Peu de ces soldats,
abrepti vi fluminis,	entraînés par la force du courant,

ab equitatu excipiuntur ac sublevantur; interiit tamen nemo. Transducto incolumi exercitu, copias instruit triplicemque aciem ducere incipit. Ac tantum fuit in militibus studii, ut, millium VI ad iter addito circuitu, magnaque ad vadum fluminis mora interposita, eos, qui de tertia vigilia exissent, ante horam diei nonam consequerentur.

LXV. Quos ubi Afranius procul visos cum Petreio conspexit, nova re perterritus locis superioribus constitit aciemque instruit. Cæsar in campis exercitum reficit, ne defessum prœlio objiciat. Rursus conantes progredi insequitur et moratur. Illi necessario maturius, quam constituerant, castra ponunt: suberant enim montes atque a millibus passuum quinque itinera difficilia atque angusta excipiebant. Hos intra montes se recipiebant, ut equitatum effugerent Cæsaris, præ-

sonne ne périt. Les légions étant parvenues sans accident à l'autre bord, César les range en bataille sur trois colonnes: on se met en marche, et telle fut l'ardeur du soldat, que, malgré un détour de six milles pour chercher le gué, malgré le grand retard occasionné par le passage, on atteignit avant la neuvième heure les Afraniens, partis à la troisième veille.

LXV. Afranius et Pétréïus, découvrant l'armée de loin, s'arrêtent effrayés et surpris, et se forment en bataille sur les hauteurs. César fait reposer ses troupes dans la plaine, pour ne pas les exposer au combat, trop fatiguées, et, l'ennemi se remettant en marche, il le suit, le retarde et le force à camper plus tôt qu'il ne l'avait projeté; car on était près des montagnes, et l'on trouvait, à cinq milles de là, des chemins étroits et difficiles. Les ennemis se rapprochaient de ces montagnes pour se délivrer de la cavalerie de

excipiuntur ac sublevantur	sont recueillis et sont secourus
ab equitatu :	par la cavalerie :
tamen nemo interiit.	cependant personne ne périt.
Exercitu	L'armée
transducto	ayant été conduite *sur l'autre bord*
incolumi,	saine-et-sauve,
instruit copias	il range *ses* troupes *en bataille*
incipitque ducere	et commence à conduire
triplicem aciem.	une triple ligne.
Ac tantum studii	Et tant d'ardeur
fuit in militibus,	fut chez les soldats,
ut, circuitu sex millium	que, un détour de six milles
addito ad iter,	ayant été ajouté à *leur* marche,
magnaque mora	et un grand retard
interposita	ayant été interposé
ad vadum fluminis,	pour le passage-à-gué de la rivière,
consequerentur	ils atteignirent
ante nonam horam diei	avant la neuvième heure du jour
eos, qui exissent	ceux qui étaient sortis
de tertia vigilia.	dès la troisième veille.
LXV. Ubi Afranius	LXV. Dès qu'Afranius
cum Petreio	avec Pétréius
conspexit quos visos procul,	eut aperçu ceux-ci vus de-loin,
perterritus re nova	effrayé de *ce* fait nouveau
constitit	il s'arrêta
locis superioribus	dans des lieux supérieurs
instruitque aciem.	et range *son* armée *en bataille*.
Cæsar in campis	César dans les plaines
reficit exercitum,	fait-reposer *son* armée,
ne objiciat prœlio	pour qu'il n'expose pas au combat
defessum.	*elle* fatiguée.
Insequitur et moratur	Il poursuit et retarde
conantes rursus	les *ennemis* qui-s'efforçaient de-nouveau
progredi.	de s'avancer.
Illi ponunt castra	Ceux-là posent *leur* camp
necessario	par-nécessité
maturius	plus tôt
quam constituerant :	qu'ils *n*'avaient résolu :
montes enim suberant	car des montagnes étaient-près
atque a quinque millibus	et à cinq milliers
passuum	de pas *de distance*
itinera difficilia	des chemins difficiles
atque angusta	et resserrés
excipiebant.	*les* recevaient (les attendaient).
Se recipiebant	Ils se réfugiaient
intra hos montes,	dans ces montagnes,
ut effugerent	afin qu'ils échappassent

sidiisque in angustiis collocatis, exercitum itinere prohiberent, ipsi sine periculo ac timore Iberum copias transducerent ; quod fuit illis conandum atque omni ratione efficiendum. Sed totius diei pugna atque itineris labore defessi, rem in posterum diem distulerunt. Cæsar quoque, in proximo colle castra ponit.

LXVI. Media circiter nocte iis, qui adaquandi causa longius a castris processerant, ab equitibus correptis, fit ab his certior Cæsar, duces adversariorum silentio copias castris educere. Quo cognito, signum dari jubet et vasa militari more conclamari. Illi, exaudito clamore, veriti, ne noctu impediti sub onere confligere cogerentur, aut ne ab equitatu Cæsaris in angustiis tenerentur, iter supprimunt copiasque in castris

César ; en s'assurant des défilés, ils lui fermaient le passage, tandis que, sans crainte et sans danger, ils auraient traversé l'Èbre ; c'est ce qu'ils auraient dû tenter et exécuter à tout prix. Mais, épuisés d'un jour entier de combat et de marche, ils remirent la chose au lendemain. César, de son côté, campa sur la colline voisine.

LXVI. Ses détachements de cavalerie ayant enlevé quelques hommes, qui s'étaient écartés pour trouver de l'eau, il apprit vers minuit que les généraux ennemis faisaient défiler leur armée en silence. Sur cet avis, il fait donner le signal et pousser le cri ordinaire du départ : les Afraniens, l'ayant entendu, craignent ou d'être forcés à combattre de nuit, encombrés de bagages, ou de trouver les défilés occupés par la cavalerie de César : ils s'arrêtent et les troupes rentrent dans le camp. Le lendemain, Pétréïus se dérobe avec quel-

equitatum Cæsaris,	à la cavalerie de César,
præsidiisque collocatis	et que des postes étant placés
in angustiis,	dans les défilés,
prohiberent exercitum	ils empêchassent l'armée
itinere,	de *continuer sa* marche,
ipsi	*et que* eux-mêmes
transducerent copias	fissent-passer *leurs* troupes
Iberum	au-delà de l'Èbre
sine periculo ac timore :	sans danger et *sans* crainte :
quod fuit conandum	ce qui dut (aurait dû) être tenté
atque efficiendum illis	et être exécuté par eux
omni ratione.	par tout moyen.
Sed defessi	Mais fatigués
pugna totius diei	par un combat de tout un jour
atque labore itineris,	et par le travail de la marche,
distulerunt rem	ils remirent l'affaire
in diem posterum.	au jour suivant.
Cæsar quoque	César aussi
ponit castra	pose *son* camp
in colle proximo.	sur la colline voisine.
LXVI. Circiter	LXVI. Environ
media nocte	au milieu-de la nuit
iis, qui processerant	ceux, qui s'étaient avancés
longius a castris	un-peu-loin du camp
causa adaquandi,	en vue de faire-de-l'eau,
correptis ab equitibus,	ayant été enlevés par *ses* cavaliers,
Cæsar fit certior	César devient plus assuré (apprend)
ab his,	par eux,
duces adversariorum	les généraux des ennemis
educere copias castris	faire-sortir *leurs* troupes du camp
silentio.	en silence.
Quo cognito,	Laquelle chose étant connue,
jubet signum dari	il ordonne le signal être donné
et vasa conclamari	et les bagages être criés
more militari.	selon l'usage militaire.
Illi veriti,	Ceux-là (les ennemis) ayant craint,
clamore exaudito,	*ce* cri étant entendu,
ne cogerentur	qu'ils ne fussent forcés
confligere noctu	de se battre de nuit
impediti	étant embarrassés
sub onere,	sous le poids *des bagages*,
aut ne tenerentur	ou qu'ils ne fussent retenus
in angustiis	dans les défilés
ab equitatu Cæsaris,	par la cavalerie de César,
supprimunt iter	arrêtent *leur* marche
continentque copias	et retiennent *leurs* troupes
in castris.	dans le camp.

continent. Postero die Petreius cum paucis equitibus occulte ad exploranda loca proficiscitur. Hoc idem fit ex castris Cæsaris. Mittitur L. Decidius Saxa cum paucis, qui loci naturam perspiciat. Uterque idem suis renunciat, quinque millia passuum proxima intercedere itineris campestris; inde excipere loca aspera et montuosa : qui prior has angustias occupaverit, ab hoc hostem prohiberi, nihil esse negotii.

LXVII. Disputatur in consilio ab Petreio atque Afranio et tempus profectionis quæritur. Plerique censebant, ut noctu iter facerent : posse prius ad angustias veniri, quam sentirentur. Alii, quod pridie noctu conclamatum esset in castris Cæsaris, argumenti sumebant loco, non posse clam exiri; circumfundi noctu equitatum Cæsaris atque omnia loca atque itinera obsideri : nocturnaque prœlia esse vitanda, quod perterritus miles in civili dissensione timori magis, quam reli-

ques cavaliers, pour reconnaître le pays : César avait, dans la même vue, détaché L. Décidius Saxa avec un piquet de cavalerie. Les deux rapports furent uniformes : « Il y avait encore cinq milles de plaine : le terrain devenait ensuite âpre et montueux ; et, pour celui qui s'emparerait des défilés, ce ne serait rien que d'arrêter l'ennemi. »

LXVII. Afranius et Pétréïus assemblent le conseil : il s'agit de fixer le moment du départ; la plupart opinent pour marcher de nuit : « On pouvait gagner les défilés, avant que César s'en doutât.» Mais comme la veille on avait entendu dans son camp le cri du départ, d'autres soutenaient qu'on ne pouvait partir en secret : « La cavalerie de César se répandait partout la nuit; elle assiégeait les passages : il fallait éviter les combats nocturnes, parce que, dans une guerre civile, le soldat consultait plus sa terreur que ses ser-

Die postero	Le jour suivant
Petreius proficiscitur	Pétréius part
occulte	secrètement
cum paucis equitibus	avec peu-de cavaliers
ad exploranda loca.	pour explorer les lieux.
Hoc idem fit	Cette même chose est faite
ex castris Cæsaris.	du camp de César.
L. Decidius Saxa	La Décidius Saxa
mittitur cum paucis,	est envoyé avec peu-d'*hommes*,
qui perspiciat	qui étudie (pour étudier)
naturam loci.	la nature du lieu.
Uterque	L'un-et-l'autre
renunciat idem	rapporte la même *nouvelle*
suis,	aux siens,
quinque millia passuum	*savoir* cinq milliers de pas
proxima	les plus proches
itineris campestris	d'un chemin de-plaine
intercedere;	se rencontrer;
inde loca aspera et montuosa	puis des lieux âpres et montueux
excipere :	*leur* succéder :
nihil negotii esse	point d'embarras n'être
hostem prohiberi ab hoc,	l'ennemi être arrêté par celui
qui occupaverit prior	qui aura occupé le premier
has angustias.	ces défilés.
LXVII. Disputatur	LXVII. Il est discuté
in consilio	en conseil
ab Petreio atque Afranio	par Pétréius et Afranius
et tempus profectionis	et le temps du départ
quæritur.	est recherché.
Plerique censebant,	La plupart étaient-d'avis,
ut facerent iter noctu :	qu'ils fissent route de nuit :
posse veniri	pouvoir être venu (ils pouvaient arriver)
ad angustias	aux défilés
prius quam sentirentur.	avant qu'ils fussent soupçonnés.
Alii quod pridie noctu	D'autres parce que la veille à la nuit
conclamatum esset	on avait crié *en signe de départ*
in castris Cæsaris,	dans le camp de César,
sumebant loco argumenti,	prenaient *cela* en place d'argument,
non posse exiri	ne pouvoir être sorti (qu'on ne pouvait
clam;	secrètement; [sortir]
equitatum Cæsaris	la cavalerie de César
circumfundi noctu	se répandre-tout-autour pendant la nuit
atque omnia loca	et tous les lieux
atque itinera obsideri :	et *tous* les chemins être assiégés :
prœliaque nocturna	et des combats nocturnes
esse vitanda,	devoir être évités,
quod miles perterritus	parce que le soldat effrayé

gioni, consulere consuerit : at lucem multum per se pudorem omnium oculis, multum etiam tribunorum militum et centurionum præsentiam afferre : quibus rebus coerceri milites et in officio contineri soleant. Quare omni ratione esse interdiu perrumpendum : etsi aliquo accepto detrimento, tamen summa exercitus salva, locum, quem petant, capi posse. Hæc evicit in consilio sententia et prima luce postridie constituunt proficisci.

LXVIII. Cæsar, exploratis regionibus, albente cœlo, omnes copias castris educit; magnoque circuitu nullo certo itinere exercitum ducit : nam, quæ itinera ad Iberum atque Octogesam pertinebant, castris hostium oppositis tenebantur. Ipsi erant transcendendæ valles maximæ ac difficillimæ; saxa multis locis prærupta iter impediebant; ut arma per manus

ments; mais le jour le rendait à l'honneur : les regards de ses camarades, la vue des tribuns et des centurions servaient beaucoup alors à le maintenir, à le raffermir dans son devoir. Tout exigeait donc que l'on partît de jour : car, dût-on essuyer quelques pertes, on pourrait sauver le gros de l'armée et gagner la position que l'on avait en vue. » Cet avis l'emporte et l'on se décide à partir le lendemain, à la pointe du jour.

LXVIII. César, qui connaissait aussi la localité, se met en marche dès l'aube et fait faire un grand détour à son armée, sans suivre aucun chemin battu; car le camp ennemi lui interceptait ceux de l'Èbre et d'Octogésa. Il avait à franchir des vallons très-profonds et très-rudes, où le passage était souvent interrompu par des roches escarpées : alors il fallait se passer les armes de main en main, et

in dissensione civili	dans une dissension civile
consuerit consulere	a-coutume de consulter
timori magis,	sa crainte plus
quam relligioni :	que la religion *du serment* ;
at lucem per se	mais le jour par lui-même
afferre multum pudorem	apporter beaucoup-de honte
oculis omnium,	aux yeux de tous (à tous),
præsentiam etiam	la présence aussi
tribunorum militum	des tribuns des soldats
et centurionum	et des centurions
multum ;	*en apporter* beaucoup :
quibus rebus milites	par lesquelles choses les soldats
soleant coerceri	ont-coutume d'être arrêtés
et contineri in officio.	et d'être maintenus dans le devoir.
Quare omni ratione	En-conséquence par tout moyen
esse perrumpendum	falloir faire-une-sortie
interdiu :	pendant-le-jour :
locum quem petant	le lieu qu'ils recherchent
posse capi,	pouvoir être pris,
etsi aliquo detrimento	bien que quelque perte
accepto,	étant reçue,
tamen summa exercitus	cependant le gros de l'armée
salva.	*étant* sauf.
Hæc sententia	Cet avis
evicit in consilio ·	prévalut dans le conseil
et constituunt proficisci	et ils décident de partir
postridie	le lendemain
prima luce.	au premier jour (dès l'aube).
LXVIII. Cæsar,	LXVIII. César,
regionibus exploratis,	les localités étant explorées,
cœlo albente,	le ciel blanchissant,
educit castris	fait-sortir du camp
omnes copias ;	toutes *ses* troupes ;
ducitque exercitum	et il conduit *son* armée
magno circuitu	par un grand détour
nullo itinere certo :	*sans* aucun chemin certain :
nam itinera	car les chemins
quæ pertinebant	qui tendaient
ad Iberum atque Octogesam	vers l'Èbre et *vers* Octogésa
tenebantur	étaient gardés
castris hostium oppositis.	par le camp des ennemis placé-devant.
Valles maximæ	Des vallées très-grandes
ac difficillimæ	et très-difficiles
erant transcendendæ	devaient être franchies
ipsi ;	à (par) lui-même ;
saxa prærupta	des rochers escarpés
multis locis	en beaucoup-de lieux

necessario transderentur militesque inermi sublevatique alii ab aliis magnam partem itineris conficerent. Sed hunc laborem recusabat nemo, quod eum omnium laborum finem fore existimabant, si hostem Ibero intercludere et frumento prohibere potuissent.

LXIX. Ac primo Afraniani milites visendi causa læti ex castris procurrebant contumeliosisque vocibus prosequebantur, necessarii victus inopia coactos fugere atque ad Ilerdam reverti : erat enim iter a proposito diversum contrariamque in partem iri videbatur. Duces vero eorum suum consilium laudibus ferebant, quod se castris tenuissent; multumque eorum opinionem adjuvabat, quod sine jumentis impedimentisque ad iter profectos videbant, ut, non posse diutius inopiam sustinere, confiderent. Sed, ubi paullatim retorqueri agmen ad dextram conspexerunt, jamque primos superare regionem

les soldats sans armes faisaient une bonne partie du chemin, en s'aidant et se soulevant les uns les autres. Mais aucun ne se rebutait, parce qu'ils se croyaient au terme de leurs fatigues, s'ils pouvaient couper à l'ennemi le chemin de l'Èbre et les vivres.

LXIX. D'abord les Afraniens, tout joyeux, accourent hors du camp pour nous voir, et nous accablent d'invectives, disant « que le manque de vivres nous forçait à fuir et à retourner à Ilerda. » Dans le fait, notre route s'écartait du but et nous paraissions y tourner le dos. Leurs chefs exaltaient le parti qu'ils avaient pris de rester dans leur camp; et, ce qui les confirmait encore dans leur opinion, c'était que nous étions sans bagage et sans bêtes de somme, en sorte qu'ils se persuadaient que nous n'avions pu résister plus longtemps au besoin. Mais quand ils virent l'armée appuyer peu à peu sur la droite,

impediebant iter ;	obstruaient la route ;
ut necessario	de-sorte-que par-nécessité
arma transderentur	les armes étaient passées
per manus	par les mains (de main en main)
militesque conficerent	et que les soldats faisaient
magnam partem itineris	une grande partie de la route
inermi sublevatique	sans-armes et soulevés
alii ab aliis.	les uns par les autres.
Sed nemo recusabat	Mais personne ne refusait
hunc laborem,	cette fatigue,
quod existimabant	parce que *tous* pensaient
eum fore finem	elle devoir être la fin
omnium laborum,	de toutes les fatigues,
si potuissent	s'ils avaient pu *une fois*
intercludere hostem	couper l'ennemi
Ibero	de l'Èbre
et prohibere frumento.	et *l*'empêcher *de s'approvisionner* de blé.
LXIX. Ac primo	LXIX. Et d'abord
milites Afraniani	les soldats d'-Afranius
procurrebant læti	couraient-en-avant joyeux
ex castris	hors-du camp
causa visendi	à-dessein de voir
prosequebanturque	et poursuivaient *les nôtres*
vocibus contumeliosis,	de paroles outrageantes, *disant*
coactos fugere	*nous être* forcés de fuir
inopia victus necessarii	par le manque de vivres nécessaires
atque reverti	et de retourner
ad Ilerdam :	à Ilerda :
iter enim erat diversum	car *notre* route était opposée
a proposito	à *notre* but
videbaturque iri	et on semblait aller
in partem contrariam.	en sens contraire.
Duces vero eorum	Mais les généraux d'eux (des ennemis)
ferebant laudibus	exaltaient de louanges
suum consilium,	leur dessein,
quod se tenuissent castris ;	de ce qu'ils s'étaient tenus dans le camp ;
adjuvabatque multum	et *ce qui* aidait beaucoup
opinionem eorum,	l'opinion d'eux,
quod videbant profectos	*c'est* qu'ils voyaient *les nôtres* partis
ad iter sine jumentis	pour *faire* route sans bêtes-de-somme
impedimentisque,	et *sans* bagages,
ut confiderent	de-sorte-qu'ils comptaient
non posse diutius	*nous* ne pouvoir plus longtemps
sustinere inopiam.	soutenir la disette.
Sed, ubi conspexerunt	Mais, dès qu'ils virent
agmen retorqueri paullatim	l'armée se replier peu-à-peu
ad dextram,	vers la droite,

castrorum animum adverterunt, nemo erat adeo tardus aut fugiens laboris, quin statim castris exeundum atque occurrendum putarent. Conclamatur ad arma atque omnes copiæ, paucis præsidio relictis cohortibus, exeunt rectoque ad Iberum itinere contendunt.

LXX. Erat in celeritate omne positum certamen, utri prius angustias montesque occuparent : sed exercitum Cæsaris viarum difficultates tardabant; Afranii copias equitatus Cæsaris insequens morabatur. Res tamen ab Afranianis huc erat necessario deducta, ut, si priores montes, quos petebant, attigissent, ipsi periculum vitarent, impedimenta totius exercitus cohortesque, in castris relictas, servare non possent, quibus, interclusis exercitu Cæsaris, auxilium ferri nulla ratione poterat. Confecit prior iter Cæsar, atque ex magnis rupibus nac-

et qu'ils s'aperçurent que les premiers rangs dépassaient déjà leur camp, nul ne fut assez nonchalant, assez ennemi de la fatigue, pour ne pas penser qu'il fallait partir à l'instant et gagner les devants: on crie aux armes, et, laissant quelques cohortes pour la garde du camp, le reste de l'armée marche directement vers l'Èbre.

LXX. Tout dépendait de la célérité; il s'agissait, pour les uns et les autres, de s'emparer les premiers des défilés et des hauteurs. La difficulté du chemin retardait César; sa cavalerie harcelait Afranius et ralentissait sa marche. Telle était cependant la situation où s'étaient mis les Pompéiens, que, s'ils gagnaient les premiers les montagnes, ils seraient bien eux-mêmes en sûreté, mais ils perdraient et tous leurs bagages et les cohortes du camp, qu'ils n'auraient aucun moyen de secourir, notre armée étant entre deux. César arrive le premier et, trouvant au sortir des rochers un plateau, il y met ses

adverteruntque animum	et qu'ils remarquèrent
jam primos superare	déjà les premiers *rangs* dépasser
regionem castrorum,	l'emplacement de *leur* camp,
nemo erat adeo tardus	personne n'était si nonchalant
aut fugiens laboris,	ou ennemi de la fatigue,
quin putarent	qu'ils ne pensassent
exeundum castris statim	falloir sortir du camp aussitôt
atque occurrendum.	et falloir marcher-au-devant *de nous*.
Conclamatur ad arma	On crie aux armes
atque omnes copiæ,	et toutes les troupes,
paucis cohortibus	peu-de cohortes
relictis præsidio,	étant laissées pour la garde *du camp*,
exeunt contenduntque	sortent et se dirigent
itinere recto	par un chemin direct
ad Iberum.	vers l'Èbre.
LXX. Omne certamen	LXX. Toute la lutte
erat positum	était placée
in celeritate,	dans la célérité,
utri	*à savoir* lesquels-des-deux
occuparent prius	occuperaient les premiers
angustias montesque :	les défilés et les montagnes :
sed difficultates viarum	mais les difficultés des chemins
tardabant	retardaient
exercitum Cæsaris ;	l'armée de César ;
equitatus Cæsaris	*d'autre part* la cavalerie de César
insequens copias Afranii	poursuivant les troupes d'Afranius
morabatur.	ralentissait *leur marche*.
Tamen res	Cependant la chose
deducta erat huc	avait été amenée à-ce-point
necessario	nécessairement
ab Afranianis,	par les Afraniens,
ut, si attigissent priores	que, s'ils avaient atteint les premiers
montes quos petebant,	les montagnes qu'ils cherchaient,
ipsi vitarent periculum,	eux-mêmes éviteraient le danger,
non possent servare	*mais* ne pourraient garder
impedimenta	les bagages
totius exercitus	de toute l'armée
cohortesque relictas	et les cohortes laissées
in castris,	dans le camp,
quibus interclusis	auxquelles cernées
exercitu Cæsaris	par l'armée de César
auxilium poterat ferri	secours ne pouvait être porté
nulla ratione.	par aucun moyen.
Cæsar confecit iter	César acheva le trajet
prior,	le premier,
atque nactus planitiem	et ayant trouvé une plaine
ex magnis rupibus,	après de grands rochers,

tus planitiem, in hac contra hostem aciem instruit. Afranius, quum ab equitatu novissimum agmen premeretur et ante se hostem videret, collem quemdam nactus, ibi constitit. Ex eo loco quatuor cetratorum cohortes in montem, qui erat in conspectu omnium excelsissimus, mittit. Hunc magno cursu concitatos jubet occupare, eo consilio, uti ipse eodem omnibus copiis contenderet, et, mutato itinere, jugis Octogesam perveniret. Hunc quum obliquo itinere cetrati peterent, conspicatus equitatus Cæsaris, in cohortes impetum facit : nec minimam partem temporis equitum vim cetrati sustinere potuerunt, omnesque ab eis circumventi in conspectu utriusque exercitus interficiuntur.

LXXI. Erat occasio bene gerendæ rei. Neque vero id Cæsarem fugiebat, tanto sub oculis accepto detrimento, perter-

troupes en bataille. Afranius, dont notre cavalerie serrait de près l'arrière-garde et qui voyait l'ennemi devant lui, se forme sur une colline qu'il trouve à sa portée. Il détache de là quatre cohortes d'infanterie légère espagnole vers une montagne, la plus élevée qui fût en vue, avec ordre d'y courir à toutes jambes et de s'y poster : son dessein était de les suivre avec toute l'armée, et changeant de route, de gagner Octogésa par les hauteurs. Comme ces cohortes prenaient un chemin oblique, la cavalerie de César les aperçoit et les charge : elles ne purent soutenir son choc une minute, et furent enveloppées et détruites totalement à la vue des deux armées.

LXXI. L'occasion était belle et César sentait bien que, témoins oculaires d'un pareil échec, les Afraniens consternés ne résisteraient

instruit aciem	il range *son* armée *en bataille*
in hac	dans cette plaine
contra hostem.	en face de l'ennemi.
Afranius,	Afranius,
quum novissimum agmen	comme *son* dernier corps
premeretur ab equitatu	était pressé par la cavalerie
et videret hostem	et *qu'*il voyait l'ennemi
ante se,	devant lui,
nactus quemdam collem,	ayant trouvé une certaine colline,
constitit ibi.	s'arrêta là.
Ex eo loco	De ce lieu-là
mittit quatuor cohortes	il envoie quatre cohortes
cetratorum	de *soldats* armés-de-petits-boucliers
in montem	vers une montagne
qui erat excelsissimus	qui était très-élevée
in conspectu omnium.	en vue de tous.
Jubet concitatos	Il ordonne *eux* lancés
magno cursu	par une grande course
occupare hunc,	s'emparer de celle-ci,
eo consilio,	dans ce dessein,
uti ipse	que lui-même
contenderet eodem	se dirigeât au-même-endroit
omnibus copiis,	avec toutes *ses* troupes,
et, itinere mutato,	et, la route étant changée,
perveniret jugis	parvînt par les hauteurs
Octogesam.	à Octogésa.
Quum cetrati	Comme les *soldats* aux-petits-boucliers
peterent hunc	gagnaient cette *montagne*
itinere obliquo,	par un chemin oblique,
equitatus Cæsaris	la cavalerie de César
conspicatus,	l'ayant aperçu,
facit impetum	fait une charge
in cohortes:	sur les cohortes :
nec cetrati	et les *soldats* aux-petits-boucliers
potuerunt sustinere	ne purent soutenir
vim equitum	la violence des cavaliers
minimam partem temporis,	*pendant* la plus petite partie du temps,
omnesque circumventi	et tous enveloppés
ab eis	par eux
interficiuntur	sont tués
in conspectu	à la vue
utriusque exercitus.	de l'une-et-l'autre armée.
LXXI. Occasio erat	LXXI. L'occasion était
bene gerendæ rei.	de bien faire la chose.
Neque vero id	Or cela
fugiebat Cæsarem,	n'échappait point à César,
tanto detrimento accepto	*savoir* un si-grand échec étant reçu

ritum exercitum sustinere non posse, præsertim circumdatum undique equitatu, quum in loco æquo atque aperto confligeretur: idque ex omnibus partibus ab eo flagitabatur. Concurrebant legati, centuriones tribunique militum, ne dubitaret prœlium committere; omnium esse militum paratissimos animos: Afranianos contra multis rebus sui timoris signa misisse, quod suis non subvenissent, quod de colle non decederent, quod vix equitum incursus sustinerent, collatisque in unum locum signis, conferti; neque ordines, neque signa servarent. Quod si iniquitatem loci timeret, datum iri tamen aliquo loco pugnandi facultatem, quod certe inde decedendum esset Afranio, nec sine aqua permanere posset.

LXXII. Cæsar in eam spem venerat, se sine pugna et sine vulnere suorum rem conficere posse, quod re frumentaria adversarios interclusisset : cur etiam secundo prœlio aliquos

pas, entourés surtout comme ils l'étaient par la cavalerie, et l'affaire se passant en rase campagne. On demandait le combat de toutes parts; lieutenants, centurions, tribuns accouraient en foule : « Qu'il n'hésitât pas à livrer bataille ; les soldats étaient dans les meilleures dispositions; les Afraniens, au contraire, avaient donné plusieurs signes de crainte : ils n'avaient point secouru leurs gens, ils ne quittaient pas la colline, à peine soutenaient-ils une charge de cavalerie : entassés autour de leurs enseignes réunies, ils ne gardaient ni leurs rangs, ni leurs distances. S'il jugeait leur position trop forte, on trouverait l'occasion de les attaquer; car il faudrait bien qu'Afranius quittât un poste où il ne pouvait rester faute d'eau. »

LXXII. Ayant coupé les vivres à l'ennemi, César avait conçu l'espoir de tout terminer sans combattre et sans exposer ses soldats. « Pourquoi risquerait-il de perdre quelques-uns des siens, même

sub oculis,	sous les yeux *de tous*,
exercitum perterritum	l'armée *ennemie* effrayée,
non posse sustinere,	ne pouvoir soutenir *la lutte*,
præsertim circumdatum	surtout étant entourée
equitatu undique,	par la cavalerie de-tous-côtés,
quum confligeretur	lorsqu'on combattrait
in loco æquo atque aperto:	dans un lieu uni et découvert:
idque flagitabatur ab eo	et cela était demandé à lui
ex omnibus partibus.	de tous les côtés.
Legati, centuriones	Lieutenants, centurions
tribunique militum	et tribuns des soldats
concurrebant,	accouraient-ensemble, *insistant*
ne dubitaret	pour qu'il n'hésitât pas
committere prœlium;	à engager le combat;
animos omnium militum	*disant* les esprits de tous les soldats
esse paratissimos;	être le-mieux-disposés:
Afranianos contra	les Afraniens au-contraire
misisse signa	avoir laissé-échapper des signes
sui timoris	de *leur* crainte
multis rebus,	par beaucoup-de choses,
quod non subvenissent	parce qu'ils n'avaient pas-secouru
suis,	les leurs
quod non decederent	parce qu'ils ne se retiraient pas
de colle,	de la colline,
quod sustinerent vix	parce qu'ils soutenaient à-peine
incursus equitum,	les charges des cavaliers,
signisque collatis	et *leurs* enseignes étant réunies
in unum locum,	en un-seul lieu,
conferti,	serrés *autour d'elles*,
servarent	ils ne gardaient
neque ordines, neque signa.	ni *leurs* rangs, ni *leurs* enseignes.
Quod si timeret	Que s'il craignait
iniquitatem loci,	le désavantage du lieu,
tamen facultatem	cependant la facilité
pugnandi aliquo loco	de combattre en quelque *autre* lieu
datum iri,	devoir *leur* être donnée,
quod certe	parce que certainement
decedendum esset inde	il faudrait sortir de-là
Afranio,	à Afranius,
nec posset permanere	et qu'il (Afranius) ne pourrait rester
sine aqua.	sans eau.
LXXII. Cæsar	LXXII. César
venerat in eam spem,	en était venu à cet espoir,
se posse conficere rem	lui pouvoir terminer l'affaire
sine pugna	sans combat
et sine vulnere suorum,	et sans blessure des siens,
quod interclusisset	parce qu'il avait coupé

ex suis amitteret? cur vulnerari pateretur optime de se meritos milites? cur denique fortunam periclitaretur? præsertim quum non minus esset imperatoris, consilio superare, quam gladio. Movebatur etiam misericordia civium, quos interficiendos videbat: quibus salvis atque incolumibus, rem obtinere malebat. Hoc consilium Cæsaris a plerisque non probabatur; milites vero palam inter se loquebantur, quoniam talis occasio victoriæ dimitteretur, etiam quum vellet Cæsar, sese non esse pugnaturos. Ille in sua sententia perseverat et paullulum ex eo loco digreditur, ut timorem adversariis minuat. Petreius atque Afranius, oblata facultate, in castra sese referunt. Cæsar, præsidiis in montibus dispositis, omni

pour acheter une victoire? Pourquoi ferait-il verser le sang des soldats, qui l'avaient si bien servi? Enfin pourquoi tenter la fortune, surtout lorsqu'il n'était pas moins digne d'un général de vaincre par son habileté que par son épée? » La pitié lui parlait encore pour les citoyens, qu'il faudrait égorger; il aimait mieux en venir à son but sans les faire périr. En général on ne goûtait pas ce plan, et les soldats se disaient entre eux tout haut : « Que, puisqu'on laissait échapper une si belle occasion, ils ne se battraient pas non plus, quand César en aurait envie. » Il n'en suit pas moins son projet et s'éloigne un peu, pour rassurer l'ennemi. Afranius et Pétréius, en trouvant le moyen, retournent dans leur camp : César place des postes dans

adversarios	ses ennemis
re frumentaria :	d'approvisionnement de blé :
cur amitteret	pourquoi perdrait-il
aliquos ex suis	quelques-uns des siens
prœlio etiam secundo?	par un combat même favorable ?
cur pateretur milites	pourquoi souffrirait-il des soldats
meritos optime de se	ayant mérité très-bien de lui
vulnerari?	être blessés ?
cur denique	pourquoi enfin
periclitaretur fortunam?	éprouverait-il la fortune?
præsertim	surtout
quum esset imperatoris	lorsque il était d'un général
superare	de l'emporter
consilio	par le conseil
non minus quam gladio.	non moins que par l'épée.
Movebatur etiam	Il était touché aussi
misericordia civium,	par la pitié des citoyens,
quos videbat	lesquels il voyait
interficiendos :	devant être tués :
quibus salvis	lesquels *étant* saufs
atque incolumibus,	et sains,
malebat	il aimait-mieux
obtinere rem.	accomplir la chose (obtenir le succès).
Hoc consilium	Ce plan
Cæsaris	de César
non probabatur	n'était pas approuvé
a plerisque ;	par la plupart *des siens*;
milites vero	mais les soldats
loquebantur palam	parlaient ouvertement
inter se,	entre eux,
quoniam talis occasio	*disant* puisque une telle occasion
victoriæ	de victoire
dimitteretur,	était abandonnée,
sese non esse pugnaturos,	eux ne devoir pas combattre,
etiam quum Cæsar vellet.	même lorsque César *le* voudrait.
Ille perseverat	Celui-ci persévère
in sua sententia	dans son opinion
et digreditur paullulum	et s'écarte un-peu
ex eo loco,	de ce lieu,
ut minuat timorem	afin qu'il diminue la crainte
adversariis.	aux ennemis.
Petreius atque Afranius,	Pétréius et Afranius,
facultate oblata,	la faculté *leur en* étant offerte,
sese referunt in castra.	se reportent dans *leur* camp.
Cæsar,	César,
præsidiis dispositis	des postes étant échelonnés
in montibus,	dans les montagnes,

ad Iberum intercluso itinere, quam proxime potest hostium castris castra communit.

LXXIII. Postero die duces adversariorum perturbati, quod omnem rei frumentariæ fluminisque Iberi spem dimiserant, de reliquis rebus consultabant. Erat unum iter, Ilerdam si reverti vellent; alterum, si Tarraconem peterent. Hæc consiliantibus eis, nunciatur, aquatores ab equitatu premi nostro. Qua re cognita, crebras stationes disponunt equitum et cohortium alariarum, legionariasque interjiciunt cohortes, vallumque ex castris ad aquam ducere incipiunt, ut intra munitionem, et sine timore et sine stationibus, aquari possent. Id opus inter se Petreius atque Afranius partiuntur, ipsique perficiendi operis causa longius progrediuntur.

LXXIV. Quorum discessu liberam nacti milites colloquiorum facultatem, vulgo procedunt, et, quem quisque in castris

les montagnes, intercepte ainsi toute communication avec l'Èbre et va se retrancher aussi près des ennemis qu'il le peut.

LXXIII. Leurs chefs, consternés d'avoir perdu tout espoir quant aux vivres et au passage de l'Èbre, délibèrent le lendemain sur ce qui leur reste à faire : ils avaient deux partis à prendre, ou de retourner à Ilerda, ou de gagner Tarragone. Tandis qu'ils discutent, on leur annonce que notre cavalerie pousse vivement leurs gens qui font de l'eau : en conséquence ils disposent par échelons leur cavalerie et des cohortes auxiliaires, entremêlées de cohortes légionnaires, et entreprennent d'élever un rempart depuis le camp jusqu'à l'eau, pour qu'on y puisse aller à l'abri, sans crainte et sans avoir besoin d'être soutenu. Ils se partagent la direction de l'ouvrage et se portent en avant pour en hâter l'exécution.

LXXIV. Leur départ laissant à leurs soldats la liberté de causer avec nous, ils s'avancent en foule; chacun cherche, chacun appelle

omni itinere ad Iberum intercluso,	toute route vers l'Èbre étant coupée,
communit castra	fortifie son camp aussi près
quam potest proxime	qu'il peut le faire le plus près
castris hostium.	du camp des ennemis.

LXXIII. Die postero duces adversariorum perturbati, quod dimiserant omnem spem rei frumentariæ fluminisque Iberi, consultabant de reliquis rebus. Unum iter erat, si vellent reverti Ilerdam; alterum, si peterent Tarraconem. Eis consiliantibus hæc, nunciatur aquatores premi ab nostro equitatu. Qua re cognita, disponunt stationes crebras equitum, et cohortium alariarum, interjiciuntque cohortes legionarias, incipiuntque ducere vallum ex castris ad aquam, ut possent aquari intra munitionem, et sine timore et sine stationibus. Petreius atque Afranius partiuntur id opus inter se, ipsique progrediuntur longius causa perficiendi operis.

LXXIII. Le jour suivant les généraux des ennemis déconcertés, parce qu'ils avaient perdu tout espoir d'approvisionnement de-blé et de passage vers le fleuve de l'Èbre, délibéraient sur le reste-des affaires. Une route était, s'ils voulaient retourner à Ilerda; une autre, s'ils gagnaient Tarragone. Ceux-ci délibérant sur ces choses, on annonce les hommes-chargés-de-faire-de-l'eau être pressés par notre cavalerie. Laquelle chose étant connue, ils échelonnent des postes fréquents de cavaliers et de cohortes auxiliaires, et jettent-entre elles des cohortes légionnaires, et commencent à tracer un retranchement du camp vers l'eau, afin qu'ils pussent faire-de-l'eau en dedans du retranchement, et sans crainte et sans postes. Pétréius et Afranius se partagent cet ouvrage entre eux, et eux-mêmes s'avancent plus loin en-vue d'achever l'ouvrage.

LXXIV. Discessu quorum milites nacti facultatem liberam colloquiorum, procedunt vulgo, et quisque

LXXIV. Par le départ d'eux les soldats ayant acquis une occasion libre d'entretiens, s'avancent en-foule, et chacun

notum aut municipem habebat, conquirit atque evocat. Primum agunt gratias omnes omnibus, quod sibi perterritis pridie pepercissent : eorum se beneficio vivere : deinde imperatoris fidem quærunt, rectene se illi sint commissuri; et, quod non ab initio fecerint, armaque cum hominibus necessariis et consanguineis contulerint, queruntur. His provocati sermonibus fidem ab imperatore de Petreii atque Afranii vita petunt, ne quod in se scelus concepisse, neu suos prodidisse videantur. Quibus confirmatis rebus, se statim signa translaturos confirmant, legatosque de pace primorum ordinum centuriones ad Cæsarem mittunt. Interim alii suos in castra invitandi causa adducunt; alii ab suis abducuntur, adeo ut una castra jam facta ex binis viderentur : compluresque tribuni militum et centuriones ad Cæsarem veniunt seque

ses connaissances ou ses concitoyens. D'abord ils nous remercient de les avoir épargnés dans leur consternation de la veille ; à ce titre, ils nous doivent la vie. Ils demandent ensuite quelle confiance mérite César : serait-il prudent de se remettre en ses mains ? Ils sont désolés, et de ne l'avoir pas fait d'abord, et d'avoir combattu des amis et des parents. De propos en propos ils demandent que César leur garantisse la vie d'Afranius et de Pétréius, pour qu'on ne puisse pas leur reprocher d'avoir conçu l'idée scélérate de trahir leurs généraux. Ils déclarent, qu'assurés de ce point, ils passeront aussitôt de notre côté avec leurs enseignes ; enfin ils députent leurs premiers centurions vers César. Les uns cependant invitent leurs amis et les emmènent à leur camp ; d'autres entrent dans le nôtre, en sorte que déjà les deux semblaient n'en faire qu'un. Beaucoup de tribuns et de centurions

conquirit atque evocat	cherche et appelle
quem habebat	celui qu'il avait
notum aut municipem	connu ou concitoyen
in castris.	dans le camp.
Primum agunt gratias	D'abord ils rendent grâces
omnes omnibus,	tous à tous *les nôtres*,
quod pridie	de ce que la veille
pepercissent	ils avaient épargné
sibi perterritis :	eux effrayés :
se vivere	*ils disent* eux vivre
beneficio eorum :	par le bienfait de ceux-ci (des nôtres) ;
deinde quærunt	ensuite ils demandent
fidem imperatoris,	la bonne-foi du général (de César),
sintne commissuri se	s'ils doivent confier eux
illi recte ;	à lui prudemment ;
et queruntur,	et ils se plaignent,
quod non fecerint	de ce qu'ils ne l'ont pas fait
ab initio,	dès le commencement
contulerintque arma	et *de ce* qu'ils ont engagé les armes
cum hominibus necessariis	avec des hommes amis
et consanguineis.	et alliés.
Provocati	Engagés
his sermonibus,	par ces discours,
petunt fidem	ils demandent une garantie
ab imperatore	du général (de César)
de vita Petreii atque Afranii,	touchant la vie de Pétréius et d'Afranius,
ne videantur	de peur qu'ils ne paraissent
concepisse in se quod scelus,	avoir conçu en eux quelque crime,
neu prodidisse suos.	ou avoir trahi leurs *camarades*.
Quibus rebus confirmatis,	Lesquelles choses *leur* étant garanties,
confirmant	ils assurent
se translaturos signa	eux devoir transférer *leurs* enseignes
statim,	sur-le-champ,
mittuntque	et ils envoient
legatos ad Cæsarem	*comme* députés à César
de pace	relativement à la paix
centuriones	les centurions
primorum ordinum.	des premiers grades.
Interim alii	Cependant les uns
adducunt suos in castra	amènent leurs *amis* dans le camp
causa invitandi ;	en-vue de *les* inviter ;
alii abducuntur ab suis,	d'autres sont emmenés par leurs *amis*,
adeo ut una castra	tellement que un-seul camp
viderentur jam facta	semblait déjà formé
ex binis :	des deux *camps* :
compluresque tribuni	et plusieurs tribuns
militum	des soldats

ei commendant. Idem hoc fit a principibus Hispaniæ, quos illi evocaverant et secum in castris habebant obsidum loco. Ii suos notos hospitesque quærebant, per quem quisque eorum aditum commendationis haberet ad Cæsarem. Afranii etiam filius adolescens de sua ac parentis sui salute cum Cæsare per Sulpicium legatum agebat. Erant plena lætitia et gratulatione omnia; eorum, qui tanta pericula vitasse, et eorum, qui sine vulnere tantas res confecisse videbantur : magnumque fructum suæ pristinæ lenitatis omnium judicio Cæsar ferebat, consiliumque ejus a cunctis probabatur.

LXXV. Quibus rebus nunciatis Afranio, ab instituto opere discedit seque in castra recipit; sic paratus, ut videbatur, ut, quicumque accidisset casus, hunc quieto et æquo animo ferret. Petreius vero non deserit sese; armat familiam; cum

viennent trouver César et lui demandent sa protection, ainsi que les premiers de l'Espagne, qu'Afranius et Pétréius avaient mandés et qui étaient dans leur camp comme otages. Ils cherchent leurs connaissances et leurs hôtes, pour qu'ils leur ménagent un accueil favorable. Le jeune Afranius même traite du salut de son père et du sien par l'entremise du lieutenant Sulpicius. Tout est rempli de joie et d'allégresse : là, pour avoir échappé à des périls si imminents ; ici, parce qu'on croit une si grande affaire terminée sans coup férir. Tous alors applaudissent à la conduite de César, qui recueille de si beaux fruits de son humanité de la veille.

LXXV. A cette nouvelle, Afranius abandonne les ouvrages commencés et rentre au camp, prêt, en apparence, à supporter avec calme et égalité d'âme tout ce qui pourrait arriver. Mais Pétréius ne s'abandonne pas lui-même : il arme sa maison, prend sa cohorte

et centuriones	et centurions
veniunt ad Cæsarem,	viennent vers César
seque commendant ei.	et se recommandent à lui.
Hoc idem fit	Cette même chose est faite
a principibus Hispaniæ,	par les premiers de l'Espagne,
quos illi	lesquels ceux-ci (Afranius et Pétréius)
evocaverant	avaient mandés
et habebant secum	et avaient avec-eux
in castris	dans *leur* camp
loco obsidum.	en place d'otages.
Ii quærebant	Ceux-là cherchaient
suos notos hospitesque,	leurs connaissances et *leurs* hôtes,
quisque per quem eorum	chacun *cherchait celui* par lequel d'eux
haberet ad Cæsarem	il aurait auprès de César
aditum commendationis.	un accès de recommandation.
Adolescens filius Afranii	Le jeune fils d'Afranius
agebat etiam cum Cæsare	traitait aussi avec César
per legatum Sulpicium	par le lieutenant Sulpicius
de salute sua	touchant le salut de-lui
ac sui parentis.	et de son père.
Omnia erant plena	Tout était plein
lætitia et gratulatione;	de joie et de félicitations;
eorum, qui videbantur	de ceux, qui paraissaient
vitasse tanta pericula,	avoir évité de si-grands dangers,
et eorum,	et de ceux,
qui confecisse	qui *paraissaient* avoir achevé
tantas res	de si-grandes choses
sine vulnere:	sans blessure:
Cæsarque judicio omnium	et César au jugement de tous
ferebat magnum fructum	remportait un grand fruit
suæ lenitatis pristinæ,	de son humanité de-la-veille,
consiliumque ejus	et le plan de lui
probabatur a cunctis.	était approuvé par tous.
LXXV. Quibus rebus	LXXV. Lesquels faits
nunciatis Afranio,	étant annoncés à Afranius,
discedit	il s'éloigne (se désiste)
ab opere instituto	de l'ouvrage commencé
seque recipit in castra;	et se rend dans le camp;
paratus sic, ut videbatur,	prêt ainsi, comme il semblait,
ut, quicumque casus	à ce que, quelque *fût* l'événement
accidisset,	qui fût arrivé,
ferret hunc	il supportât lui
animo quieto et æquo.	d'une âme calme et égale.
Petreius vero	Pétréius d'autre-part
non deserit sese;	n'abandonne pas soi;
armat familiam;	il arme sa maison;
cum hac	avec elle

hac et prætoria cohorte cetratorum barbarisque equitibus paucis, beneficiariis suis, quos suæ custodiæ causa habere consuerat, improviso ad vallum advolat, colloquia militum interrumpit, nostros repellit ab castris : quos deprehendit, interficit. Reliqui coeunt inter se, et, repentino periculo exterriti, sinistras sagis involvunt gladiosque destringunt atque ita se a cetratis equitibusque defendunt, castrorum propinquitate confisi; seque in castra recipiunt et ab iis cohortibus, quæ erant in statione ad portas, defenduntur.

LXXVI. Quibus rebus confectis, flens Petreius manipulos circuit, militesque appellat : neu se, neu Pompeium absentem, imperatorem suum, adversariis ad supplicium transdant, obsecrat. Fit celeriter concursus in prætorium. Postulat, ut jurent omnes, se exercitum ducesque non deserturos, neque prodituros, neque sibi separatim a reliquis consilium

prétorienne de l'Espagne ultérieure, y joint quelques cavaliers barbares qu'il avait à sa solde et qui faisaient sa garde ordinaire : avec cette troupe, il accourt à l'improviste au rempart, rompt les entretiens, chasse du camp nos soldats et tue ceux qu'il peut atteindre. Les autres se réunissent ; frappés de ce danger inattendu, ils s'enveloppent le bras gauche de leur manteau, tirent l'épée et se défendent ainsi contre l'infanterie et la cavalerie espagnoles : le voisinage du camp les rassure, ils y rentrent, protégés par les cohortes de garde aux portes.

LXXVI. Après cela, Pétréius, les larmes aux yeux, parcourt les manipules, invoque la fidélité des soldats et les conjure de ne point livrer aux ennemis sa tête et celle de Pompée, leur général. Aussitôt on accourt au prétoire : Pétréius demande que chacun jure de ne point abandonner, de ne point trahir l'armée ni ses chefs et

et cohorte prætoria	et une cohorte prétorienne
cetratorum	de *soldats* armés-de-petits-boucliers
paucisque equitibus	et peu-de cavaliers
barbaris	barbares,
suis beneficiariis,	ses obligés (à sa solde),
quos consuerat habere	lesquels il avait-coutume d'avoir
causa suæ custodiæ,	en-vue de sa garde,
advolat ad vallum	il vole au retranchement
improviso,	à-l'improviste,
interrumpit	rompt
colloquia militum,	les entretiens des soldats,
repellit nostros	repousse les nôtres
ab castris :	du camp :
interficit, quos deprehendit.	il tue *ceux* qu'il surprend.
Reliqui	Les autres
coeunt inter se,	se réunissent entre eux,
et, exterriti	et, effrayés
periculo repentino,	par *ce* danger soudain,
involvunt sinistras	ils enveloppent *leurs mains* gauches
sagis	de *leurs* manteaux,
destringuntque gladios	et tirent *leurs* épées
atque ita se defendunt	et ainsi se défendent
a cetratis	contre les *soldats* aux-petits-boucliers
equitibusque,	et *contre* les cavaliers,
confisi propinquitate	comptant sur la proximité
castrorum ;	du camp ;
seque recipiunt in castra	et ils se retirent dans le camp
et defenduntur	et sont défendus
ab iis cohortibus,	par ces cohortes,
quæ erant in statione	qui étaient en vedette
ad portas.	aux portes.
LXXVI. Quibus rebus	LXXVI. Lesquelles choses
confectis,	étant terminées,
Petreius flens	Pétréius pleurant
circuit manipulos,	parcourt les manipules,
appellatque milites ;	et fait-appel aux soldats ;
obsecrat,	il *les* conjure,
neu transdant se,	qu'ils ne livrent pas lui,
neu Pompeium absentem,	ni Pompée absent,
suum imperatorem,	leur général,
adversariis ad supplicium.	à *ses* ennemis pour le supplice.
Concursus fit celeriter	Un rassemblement se fait rapidement
in prætorium.	au prétoire.
Postulat, ut omnes jurent,	Il (Pétréius) demande que tous jurent
se non desertūros	eux ne devoir pas abandonner
exercitum ducesque,	l'armée et *ses* chefs,
neque prodituros,	et ne devoir pas *les* trahir,

capturos. Princeps in hæc verba jurat ipse; idem jusjurandum adigit Afranium; subsequuntur tribuni militum centurionesque; centuriatim producti milites idem jurant. Edicunt, penes quem quisque sit Cæsaris miles, ut producatur: productos palam in prætorio interficiunt. Sed plerosque hi, qui receperant, celant noctuque per vallum emittunt. Sic terror oblatus a ducibus, crudelitas in supplicio, nova religio jusjurandi, spem præsentis deditionis sustulit, mentesque militum convertit, et rem ad pristinam belli rationem redegit.

LXXVII. Cæsar, qui milites adversariorum in castra per tempus colloquii venerant, summa diligentia conquiri et remitti jubet : sed ex numero tribunorum militum centurionumque nonnulli sua voluntate apud eum remanserunt, quos ille postea magno in honore habuit : centuriones in amplio-

de ne point séparer ses intérêts de l'intérêt général. Ayant fait le premier ce serment, il l'exige d'Afranius, ensuite des tribuns des soldats et des centurions, enfin des soldats défilant par manipules. L'ordre est donné de livrer les Césariens qu'on aurait avec soi ; ce qu'on en trouve est égorgé publiquement dans le prétoire ; mais ceux qui en ont reçu les cachent pour la plupart et les aident à franchir le rempart de nuit. Ainsi la terreur inspirée par les chefs, leur cruauté, une nouvelle formule de serment détruisirent pour le moment l'espoir d'une capitulation, changèrent les dispositions des soldats et remirent les choses en état de guerre.

LXXVII. César fit chercher avec le plus grand soin et renvoya les Afraniens venus dans son camp pendant les pourparlers ; mais il resta volontairement près de lui plusieurs tribuns et plusieurs centurions, qu'il traita dans la suite avec beaucoup de distinction :

neque capturos consilium	et ne devoir pas prendre un parti
sibi separatim a reliquis.	pour eux-mêmes séparément des autres.
Ipse princeps	Lui-même le premier
jurat in hæc verba;	jure sur ces paroles;
adigit Afranium	il pousse Afranius
idem jusjurandum.	au même serment.
Tribuni militum	Les tribuns des soldats
centurionesque	et les centurions
subsequuntur;	suivent;
milites producti centuriatim	les soldats amenés par-centuries
jurant idem.	jurent la même chose.
Edicunt,	Ils ordonnent
ut quisque miles Cæsaris	que chaque soldat de César
producatur	soit amené *par celui*
penes quem sit :	au-pouvoir-de qui il est :
interficiunt palam	ils tuent publiquement
in prætorio	dans le prétoire
productos.	les *hommes* amenés.
Sed hi, qui receperant,	Mais ceux qui *les* avaient recueillis,
celant plerosque	*en* cachent la plupart
emittuntque noctu	et *les* font-échapper de nuit
per vallum.	par le retranchement.
Sic terror oblatus	Ainsi la terreur inspirée
a ducibus,	par les chefs,
crudelitas in supplicio,	la cruauté dans le supplice,
nova religio jurisjurandi,	une nouvelle religion de serment,
sustulit spem	ôta l'espoir
deditionis præsentis,	d'une capitulation présente,
convertitque mentes	et tourna (changea) les dispositions
militum,	des soldats,
et redegit rem	et remit la chose
ad rationem pristinam	à l'état ancien
belli.	de guerre.
LXXVII. Cæsar jubet	LXXVII. César ordonne
milites adversariorum	les soldats des ennemis
qui venerant in castra	qui étaient venus dans son camp
per tempus colloquii	pendant le temps de l'entretien
conquiri	être recherchés
summa diligentia	avec une extrême diligence
et remitti :	et être renvoyés :
sed nonnulli ex numero	mais quelques-uns du nombre
tribunorum militum	des tribuns des soldats
centurionumque	et des centurions
remanserunt apud eum	restèrent auprès de lui
sua voluntate,	de leur *propre* volonté,
quos ille postea	lesquels celui-ci (César) ensuite
habuit in magno honore :	eut eu grand honneur ;

res ordines, et tribunos in tribunitium restituit honorem.

LXXVIII. Premebantur Afraniani pabulatione, aquabantur ægre, frumenti copiam legionarii nonnullam habebant, quod dierum XXII ab Ilerda frumentum jussi erant efferre; cetrati auxiliaresque nullam, quorum erant et facultates ad parandum exiguæ, et corpora insueta ad onera portanda : itaque magnus eorum quotidie numerus ad Cæsarem perfugiebat. In his erat angustiis res ; sed ex propositis consiliis duobus explicitius videbatur, Ilerdam reverti, quod ibi paullulum frumenti reliquerant : ibi se reliquum consilium explicaturos confidebant. Tarraco aberat longius : quo spatio plures rem posse casus recipere intelligebant. Hoc probato consilio, ex castris proficiscuntur. Cæsar, equitatu præmisso, qui novissimum agmen carperet atque impediret, ipse cum legionibus

il éleva les centurions en grade et rétablit les tribuns dans leur dignité.

LXXVIII. Les Afraniens souffraient du côté du fourrage; ils étaient gênés pour l'eau ; quant au blé, les légionnaires en avaient un peu, parce qu'ils avaient eu l'ordre d'en prendre à Ilerda pour vingt-deux jours, mais les auxiliaires en manquaient, n'ayant guère les moyens d'en acheter, et n'étant pas habitués à porter des fardeaux ; aussi chaque jour passaient-ils en foule du côté de César. Dans cette extrémité, le parti de regagner Ilerda parut le plus sûr ; on y avait laissé un peu de blé, et l'on comptait y prendre une résolution définitive. Tarragone était trop loin, et l'on sentait qu'en chemin on aurait à courir plusieurs risques. Cet avis ayant prévalu, les Afraniens partent de leur camp : César les suit avec les légions, après avoir détaché sa cavalerie pour harceler

restituit centuriones	il rétablit les centurions
in ordines ampliores,	dans des grades plus considérables,
et tribunos	et les tribuns
in honorem tribunitium.	dans l'honneur de-tribun.
LXXVIII. Afraniani	LXXVIII. Les Afraniens
premebantur pabulatione,	étaient inquiétés par le fourrage,
aquabantur ægre,	ils faisaient-de-l'eau avec-peine,
legionarii habebant	les légionnaires avaient
nonnullam copiam	quelque abondance
frumenti,	de blé,
quod jussi erant	parce qu'ils avaient été chargés
efferre ab Ilerda	d'emporter d'Ilerda
frumentum	le blé
viginti et duorum dierum ;	de vingt et deux jours ;
cetrati	les *soldats* aux-petits-boucliers
auxiliaresque	et les auxiliaires
nullam,	*n'en avaient* aucune *quantité*,
quorum et facultates	*eux* dont et les facilités
ad parandum	pour *s'en* procurer
erant exiguæ,	étaient petites,
et corpora insueta	et les corps inaccoutumés
ad portanda onera :	à porter des fardeaux :
itaque quotidie	aussi chaque-jour
magnus numerus eorum	un grand nombre de ceux-ci
perfugiebat ad Cæsarem.	s'enfuyait vers César.
Res erat	L'affaire était
in his augustiis,	dans cette situation-critique,
sed ex duobus consiliis	mais des deux plans
propositis	proposés
videbatur explicitius,	*celui-ci* semblait plus facile-à-accomplir,
reverti Ilerdam,	*savoir* de retourner à Ilerda,
quod reliquerant ibi	parce qu'ils avaient laissé là
paullulum frumenti :	un-peu de blé :
confidebant	ils avaient-confiance
se explicaturos ibi	eux devoir mettre-à-exécution là
reliquum consilium.	le reste-du plan.
Tarraco aberat longius :	Tarragone était-distante trop loin :
quo spatio intelligebant	vu laquelle distance ils comprenaient
rem posse recipere	la chose pouvoir recevoir
plures casus.	plusieurs mauvaises-chances.
Hoc consilio probato,	Ce plan étant approuvé,
proficiscuntur ex castris.	ils partent du camp.
Cæsar,	César,
equitatu præmisso,	sa cavalerie étant envoyée-en-avant,
qui carperet	laquelle harcelât (pour harceler)
atque impediret	et gênât (pour gêner)
novissimum agmen,	le dernier corps-d'armée,

subsequitur. Nullum intercedebat tempus, quin extremi cum equitibus prœliarentur.

LXXIX. Genus erat hoc pugnæ. Expeditæ cohortes novissimum agmen claudebant; pluriesque in locis campestribus subsistebant : si mons erat ascendendus, facile ipsa loci natura periculum repellebat, quod ex locis superioribus, qui antecesserant, desuper suos ascendentes protegebant. Quum vallis aut locus declivis suberat, neque ii, qui antecesserant, morantibus opem ferre poterant, equites vero ex loco superiore in aversos tela conjiciebant : tum magno erat in periculo res. Relinquebatur, ut, quum ejusmodi locis esset appropinquatum, legionum signa consistere juberent magnoque impetu equitatum repellerent; eo submoto, repente incitati cursu sese in valles universi demitterent, atque, ita transgressi, rursus in locis superioribus consisterent. Nam

et arrêter leur arrière-garde, avec laquelle on était sans cesse aux mains.

LXXIX. Voici comment l'action se passait. Des cohortes sans bagage fermaient l'arrière-garde et faisaient souvent face en plaine. S'il y avait une montagne à passer, la position seule écartait tout danger, parce que les premiers arrivés protégeaient de la hauteur ceux qui les suivaient. Mais en descendant ou dans les vallées, comme la tête ne pouvait soutenir la queue, sur laquelle notre cavalerie lançait ses traits de haut en bas, les derniers rangs, pris à dos, étaient dans une position très-critique. En approchant de ces endroits, il fallait faire faire halte aux légions qui repoussaient la cavalerie par une charge vigoureuse : à l'instant, l'armée entière se précipitait à toutes jambes dans la vallée et, l'ayant franchie, tenait ferme de nouveau sur les hauteurs. Car, loin de tirer quelque ser-

subsequitur ipse	suit lui-même
cum legionibus.	avec *ses* légions.
Nullum tempus	Aucun moment
intercedebat,	ne s'interposait (ne s'écoulait),
quin extremi prœliarentur	sans que les derniers *rangs* combattissent
cum equitibus.	avec les cavaliers.
LXXIX. Genus pugnæ	LXXIX. Le genre de combat
erat hoc.	était celui-ci.
Cohortes expeditæ	Des cohortes sans-bagages
claudebant	fermaient
novissimum agmen ;	le dernier corps-de-marche ;
subsistebantque pluries	et elles faisaient-halte souvent
in locis campestribus :	dans les endroits de-plaine :
si mons erat ascendendus,	si une montagne devait être gravie,
natura ipsa loci	la nature même du lieu
repellebat facile	éloignait facilement
periculum,	le danger,
quod, qui antecesserant,	parce que, *ceux* qui avaient précédé,
protegebant desuper	protégeaient d'en-haut
ex locis superioribus	des lieux supérieurs
suos ascendentes.	les leurs qui-montaient.
Quum vallis suberat	Lorsqu'une vallée se rencontrait
aut locus declivis,	ou un lieu en-pente,
neque ii, qui antecesserant,	et que ceux qui avaient précédé
poterant ferre opem	ne pouvaient porter secours
morantibus,	aux retardataires,
equites vero	tandis que les cavaliers
ex loco superiore	d'un lieu supérieur
conjiciebant tela	lançaient des traits
in aversos :	sur *eux* qui-avaient-le-dos-tourné :
tum res erat	alors la chose était
in magno periculo.	dans un grand danger.
Relinquebatur, ut,	Ceci était laissé (restait), que,
quum appropinquatum esset	lorsqu'on s'était approché
locis ejusmodi,	de lieux de-cette-sorte,
juberent	ils ordonnassent
signa legionum	les enseignes des légions
consistere	s'arrêter
repellerentque equitatum	et repoussassent la cavalerie
magno impetu ;	par une grande charge ;
eo submoto,	que celle-ci étant écartée,
universi repente	tous-ensemble soudain
incitati cursu	lancés par la course
sese demitterent	ils se précipitassent
in valles,	dans les vallées,
atque, transgressi ita,	et, ayant-passé-outre ainsi,
consisterent rursus	s'arrêtassent de-nouveau

tantum ab equitum suorum auxiliis aberant, quorum numerum habebant magnum, ut eos, superioribus perterritos prœliis, in medium reciperent agmen ultroque eos tuerentur : quorum nulli ex itinere excedere licebat, quin ab equitatu Cæsaris exciperentur.

LXXX. Tali dum pugnatur modo, lente atque paullatim proceditur, crebroqué, ut sint auxilio suis, subsistunt : ut tum accidit. Millia enim progressi quatuor, vehementiusque peragitati ab equitatu, montem excelsum capiunt ibique una fronte contra hostem castra muniunt, neque jumentis onera deponunt. Ubi Cæsaris castra posita tabernaculaque constituta, et dimissos equites pabulandi causa animum adverterunt, sese subito proripiunt hora circiter sexta ejusdem diei, et spem nacti moræ, discessu nostrorum equitum, iter facere incipiunt. Qua re animum adversa, Cæsar, relictis legionibus

vice d'une nombreuse cavalerie, l'infanterie avait à la défendre ; découragée par les actions précédentes, elle marchait au centre de la colonne, et tout ce qui osait s'en écarter était enlevé par la nôtre.

LXXX. En combattant ainsi, l'ennemi n'avançait que lentement et pas à pas : souvent il faisait halte pour soutenir les siens. De là vint qu'au bout de quatre milles, tourmenté de plus en plus par la cavalerie, il gagna une haute montagne et s'y retrancha, mais de notre côté seulement et sans décharger les bêtes de somme. César campe aussi ; on dresse les tentes et on envoie la cavalerie au fourrage : c'était environ la sixième heure du jour. Tout à coup les Afraniens partent précipitamment et continuent leur route, espérant que l'absence de notre cavalerie leur donnera du temps. Aussitôt César

in locis superioribus.	dans des lieux supérieurs.
Nam aberant	Car ils étaient-loin
ab auxiliis	des secours
suorum equitum,	de leurs cavaliers,
quorum habebant	desquels ils avaient
magnum numerum,	un grand nombre,
tantum ut reciperent	tellement qu'ils recevaient
in medium agmen	au milieu-de *leur* troupe
eos perterritos	ceux-ci effrayés
præliis superioribus	par les combats précédents
tuerenturque eos ultro :	et protégeaient eux spontanément :
nulli quorum	*et* à aucun d'eux
licebat excedere	il n'était possible de s'écarter
ex itinere,	de la route,
quin exciperentur	sans qu'ils fussent reçus
ab equitatu Cæsaris.	par la cavalerie de César.
LXXX. Dum pugnatur	LXXX. Tandis que l'on combat
tali modo,	d'une telle manière,
proceditur	on s'avance
lente atque paullatim,	lentement et peu-à-peu,
subsistuntque crebro,	et on fait-halte fréquemment,
ut sint auxilio suis :	pour qu'on soit à secours aux siens :
ut accidit tum.	comme il arriva alors.
Progressi enim	En-effet s'étant avancés
quatuor millia,	à quatre milles,
peragitatique vehementius	et harcelés vivement
ab equitatu,	par la cavalerie,
capiunt montem excelsum	ils s'emparent d'une montagne élevée
ibique muniunt castra	et là fortifient un camp
una fronte	d'un-seul front
contra hostem,	en face de l'ennemi,
neque deponunt onera	et ils ne déchargent pas les fardeaux
jumentis.	aux bêtes-de-somme.
Ubi adverterunt animum	Dès qu'ils tournèrent *leur* esprit *vers ceci*,
castra Cæsaris posita	le camp de César assis
tabernaculaque constituta,	et *ses* tentes établies,
et equites dimissos	et *ses* cavaliers renvoyés
causa pabulandi,	en-vue de faire-du-fourrage,
sese proripiunt subito	ils s'échappent subitement
sexta hora circiter	à la sixième heure environ
ejusdem diei,	du même jour,
et, nacti spem moræ,	et, ayant acquis l'espoir d'un délai,
incipiunt facere iter	ils commencent à faire route
discessu	dès le départ
nostrorum equitum.	de nos cavaliers.
Qua re adversa animum,	Laquelle chose étant remarquée,
Cæsar subsequitur	César suit

subsequitur, præsidio impedimentis paucas cohortes relinquit : hora decima subsequi pabulatores, equitesque revocari jubet. Celeriter equitatus ad quotidianum itineris officium revertitur : pugnatur acriter ad novissimum agmen, adeo, ut pæne terga convertant : compluresque milites, etiam nonnulli centuriones interficiuntur. Instabat agmen Cæsaris atque universum imminebat.

LXXXI. Tum vero neque ad explorandum idoneum locum castris, neque ad progrediendum data facultate, consistunt necessario et procul ab aqua, et natura iniquo loco, castra ponunt. Sed iisdem de causis Cæsar, quæ supra sunt demonstratæ, prœlio amplius non lacessit et eo die tabernacula statui passus non est, quo paratiores essent ad insequendum omnes, sive noctu, sive interdiu erumperent. Illi enim adverso vitio castrorum, tota nocte munitiones proferunt, cas-

les suit avec ses légions, laisse quelques cohortes à la garde du bagage, ordonne aux fourrageurs de le rejoindre vers la dixième heure et fait rappeler la cavalerie. Elle eut bientôt repris son service ordinaire dans la marche, et l'action devint si vive, que l'arrière-garde ennemie tourna presque le dos, et qu'on lui tua beaucoup de monde et même plusieurs centurions. Cependant César approchait et toute l'armée allait être à portée.

LXXXI. Alors les Afraniens, n'ayant ni la faculté de choisir un campement commode, ni celle d'avancer, sont forcés de s'arrêter et de camper loin de l'eau, dans une mauvaise position. César, pour les raisons dont on a parlé, ne les attaque pas, mais il défend de dresser les tentes, afin que l'on soit plus tôt prêt à les suivre, s'ils veulent s'échapper soit de nuit soit de jour. Sentant le vice de leur campe-

legionibus relictis,	avec les légions laissées *en réserve*,
relinquit paucas cohortes	il laisse peu-de cohortes
præsidio impedimentis :	pour garde aux bagages ;
decima hora jubet	à la dixième heure il ordonne
pabulatores subsequi,	les fourrageurs suivre,
equitesque revocari.	et les cavaliers être rappelés.
Equitatus	La cavalerie
revertitur celeriter	revient rapidement
ad officium quotidianum	pour le devoir quotidien
itineris :	de la marche :
pugnatur acriter	on combat avec-acharnement
ad novissimum agmen,	vers le dernier corps-de-marche,
adeo ut pæne	tellement que presque
convertant terga;	ils (les ennemis) tournent le dos;
compluresque milites,	et plusieurs soldats,
etiam nonnulli centuriones	même quelques centurions
interficiuntur.	sont tués.
Agmen Cæsaris	L'armée de César
instabat	approchait
atque imminebat	et était-à-portée
universum.	tout-entière.
LXXXI. Tum vero	LXXXI. Mais alors
facultate data	*nulle* facilité n'étant donnée
neque ad explorandum	ni pour explorer
locum idoneum castris,	un lieu propre pour un camp,
neque ad progrediendum,	ni pour marcher-en-avant,
consistunt necessario	ils s'arrêtent par-nécessité
et ponunt castra	et posent *leur* camp
procul ab aqua,	loin de l'eau,
et loco	et dans un lieu
iniquo natura.	désavantageux par nature.
Sed de iisdem causis,	Mais pour les mêmes motifs,
quæ sunt demonstratæ	qui ont été indiqués
supra,	plus haut,
Cæsar non lacessit amplius	César ne *les* attaque plus
prœlio	par *un seul* combat
et non passus est	et il ne souffrit pas
tabernacula statui	des tentes être établies
eo die,	ce jour-là,
quo omnes	afin que tous
essent paratiores	fussent plus prêts
ad insequendum,	à poursuivre,
sive erumperent	soit qu'ils (les ennemis) s'échappassent
noctu,	de nuit,
sive interdiu.	soit qu'*ils s'échappassent* pendant-le-jour.
Illi enim,	Ceux-là en effet,
vitio castrorum	le vice de *leur* camp

traque castris convertunt. Hoc idem postero die a prima luce faciunt totumque in ea re diem consumunt. Sed, quantum opere processerant et castra protulerant, tanto aberant ab aqua longius, et præsenti malo aliis malis remedia dabantur. Prima nocte aquandi causa nemo egreditur ex castris : proximo die, præsidio in castris relicto, universas ad aquam copias educunt; pabulatum emittitur nemo. His eos suppliciis male hàberi Cæsar et necessariam subire deditionem, quam prœlio decertare, malebat : conatur tamen eos vallo fossaque circummunire, ut quam maxime repentinas eorum eruptiones demoretur; quo necessario descensuros existimabat. Illi, et inopia

ment, ils prolongent leurs retranchements toute la nuit et portent leur camp plus loin; le lendemain, dès l'aube, ils reprennent le même travail et y emploient tout le jour; mais, plus ils s'avançaient et gagnaient du terrain, plus ils s'éloignaient de l'eau : c'était remédier à un mal par un autre. La première nuit personne ne sortit du camp pour aller puiser de l'eau; le lendemain toute l'armée s'y porta, excepté la garde du camp; on n'envoya personne au fourrage. César, aimant mieux les réduire par la misère à capituler que d'en venir aux mains, entreprit cependant de les enfermer par un rempart et par un fosssé, pour être tout à fait à l'abri d'une brusque sortie, à laquelle il jugeait qu'ils seraient forcés d'en venir. Ils firent tuer alors toutes leurs bêtes de somme, tant à cause

adverso,	étant remarqué,
proferunt munitiones	prolongent les retranchements
tota nocte,	toute la nuit,
convertuntque castra	et changent *leur* camp
castris.	contre un *autre* camp.
Die postero	Le jour suivant
a prima luce	dès la première lueur
faciunt hoc idem	ils font cette même chose
consumuntque diem totum	et consument la journée entière
in ea re.	dans cette occupation.
Sed aberant ab aqua	Mais ils étaient-éloignés de l'eau
tanto longius	d'autant plus loin
quantum processerant	qu'ils s'étaient avancés
opere	par *leur* ouvrage
et protulerant castra,	et avaient porté-plus-loin *leur* camp,
et remedia dabantur	et des remèdes étaient donnés
malo præsenti	au mal présent
aliis malis.	par d'autres maux.
Prima nocte	La première nuit
nemo egreditur	personne ne sort
ex castris	du camp
causa aquandi :	en-vue de faire-de-l'eau :
die proximo,	le jour suivant,
præsidio relicto	une garnison étant laissée
in castris,	dans le camp,
educunt ad aquam	ils font-sortir pour l'eau
universas copias;	toutes les troupes ;
nemo emittitur	personne n'est envoyé
pabulatum.	faire-du-fourrage.
Cæsar malebat	César aimait-mieux
eos male haberi	eux être maltraités
his suppliciis	par ces misères
et subire	et subir
deditionem necessariam,	une capitulation nécessaire,
quam decertare proelio :	que de lutter par un combat :
tamen conatur	cependant il s'efforce
circummunire eos	d'envelopper eux
vallo fossaque,	d'un retranchement et d'un fossé,
ut demoretur	afin qu'il retarde *autant*
quam maxime	qu'*il le pourra* le plus
eruptiones repentinas	les sorties soudaines
eorum ;	d'eux ;
quo existimabat	*chose* où laquelle) il pensait
descensuros necessario.	*eux* devoir descendre nécessairement.
Illi,	Ceux-là (les ennemis),
et adducti	et amenés
inopia pabuli,	par le manque de fourrage,

pabuli adducti, et, quo essent ad id expeditiores, omnia sarcinaria jumenta interfici jubent.

LXXXII. In his operibus consiliisque biduum consumitur : tertio die magna jam pars operis Cæsaris processerat. Illi impediendæ rei, hora circiter octava signo dato, legiones educunt aciemque sub castris instruunt. Cæsar ab opere legiones revocat, equitatum omnem convenire jubet, aciem instruit : contra opinionem enim militum famamque omnium videri prœlium defugisse, magnum detrimentum afferebat. Sed eisdem de causis, quæ sunt cognitæ, quo minus dimicare vellet, movebatur; atque hoc etiam magis, quod spatii brevitas, etiam in fugam conjectis adversariis, non multum ad summam victoriæ juvare poterat ; non enim amplius pedum millibus duobus ab castris castra distabant. Hinc duas partes

de la disette de fourrage, que pour que rien ne les embarrassât en route.

LXXXII. Ces travaux et ces opérations prirent deux jours. Le troisième, les ouvrages de César étaient déjà fort avancés ; vers la huitième heure, les Afraniens, pour les interrompre, donnent le signal, font sortir leurs légions et les rangent en bataille devant le camp. César rappelle les siennes du travail, fait assembler toute sa cavalerie, et se met en bataille de son côté. Il lui eût été très-préjudiciable de paraître refuser le combat contre le vœu des soldats et l'avis général : mais les mêmes raisons que l'on connaît le détournaient d'engager l'action, et d'autant plus que, même si les ennemis prenaient la fuite, on ne pouvait guère espérer une victoire complète, à cause du peu d'espace, car il n'y avait pas plus de deux mille pieds d'un camp à l'autre; chaque armée en occupait un tiers ;

et, quo essent	et, afin qu'ils fussent
expeditiores ad id,	plus libres pour cette *opération*,
jubent	ordonnent
omnia jumenta sarcinaria	toutes les bêtes de-somme
interfici.	être tuées.
LXXXII. Biduum	LXXXII. Deux-jours
consumitur	se consument
in his operibus	dans ces travaux
consiliisque :	et *ces* projets :
tertio die	le troisième jour
jam magna pars	déjà une grande partie
operis Cæsaris	de l'ouvrage de César
processerat.	était avancée.
Illi	Eux (les ennemis)
impediendæ rei,	pour entraver la chose,
signo dato	un signal étant donné
octava hora circiter,	à la huitième heure environ,
educunt legiones	font-sortir les légions
instruuntque aciem	et rangent l'armée *en bataille*
sub castris.	devant le camp.
Cæsar revocat legiones	César rappelle *ses* légions
ab opere,	de *leur* travail,
jubet omnem equitatum	ordonne toute la cavalerie
convenire,	se rassembler,
instruit aciem :	range l'armée *en bataille* :
videri enim	en-effet de paraître
defugisse prœlium	avoir évité le combat
contra opinionem militum	contre l'opinion des soldats
famamque omnium,	et la croyance de tous,
afferebat	*cela* apportait
magnum detrimentum.	un grand dommage *à César*.
Sed de eisdem causis,	Mais pour les mêmes motifs,
quæ sunt cognitæ,	qui sont connus,
movebatur	il était poussé
quo vellet minus	à ce qu'il voulût moins (à ne plus vouloir)
dimicare;	combattre;
atque hoc etiam magis,	et par cela encore davantage
quod brevitas spatii,	que la brièveté de l'espace,
etiam adversariis	même les ennemis
conjectis in fugam,	étant mis en fuite,
non poterat juvare multum	ne pouvait aider beaucoup
ad summam victoriæ :	à la totalité de la victoire :
castra enim	en-effet un camp
non distabant ab castris	n'était-pas-distant de *l'autre* camp
amplius duobus millibus	de plus de deux milliers
pedum.	de pieds.
Hinc	De-là (de cet intervalle)

acies occupabant; tertia vacabat, ad incursum atque impetum militum relicta. Si proelium committeretur, propinquitas castrorum celerem superatis ex fuga receptum dabat. Hac de causa constituerat, signa inferentibus resistere, prior proelio non lacessere.

LXXXIII. Acies erat Afraniana duplex legionum quinque; tertium in subsidiis locum alariae cohortes obtinebant: Caesaris triplex : sed primam aciem quaternae cohortes ex quinque legionibus tenebant; has subsidiariae ternae et rursus aliae totidem suae cujusque legionis subsequebantur; sagittarii funditoresque media continebantur acie; equitatus latera cingebat. Tali instructa acie, tenere uterque propositum videbatur; Caesar nisi coactus proelium non committere; ille, ut opera Caesaris impediret. Producitur tamen res, aciesque ad

restaient donc six à sept cents pieds pour la charge et le choc. Si l'on en venait aux mains, les vaincus trouveraient aussitôt un asile dans leur camp, vu sa proximité. D'après cela, César avait résolu de rester sur la défensive et de ne pas attaquer le premier.

LXXXIII. Afranius avait formé deux lignes de ses cinq légions et une troisième de ses auxiliaires, qui servaient de réserve. César fit aussi trois lignes : la première de quatre cohortes de chacune de ses cinq légions, la seconde de trois et la troisième de trois encore, chaque légion étant ainsi distribuée par échelons dans les trois lignes. Les archers et les frondeurs se trouvaient au centre, et la cavalerie sur les flancs. Dans cet ordre, les deux partis semblaient atteindre leur but : César en ne combattant pas s'il n'y était forcé, Afranius en interrompant les travaux de César. Cependant le temps s'écoule

acies	les armées
occupabant duas partes ;	occupaient deux parties (les deux tiers);
tertia vacabat,	la troisième *partie* était-vide,
relicta ad incursum	étant laissée pour la charge
atque impetum militum.	et le choc des soldats.
Si prœlium committeretur,	Si le combat s'engageait,
propinquitas castrorum	la proximité du camp
dabat superatis	donnait aux vaincus
receptum facilem	une retraite facile
ex fuga.	après la fuite.
De hac causa	Pour ce motif
constituerat	il (César) avait résolu
resistere	de résister [seignes,
inferentibus signa,	aux *ennemis* faisant-avancer *leurs* en-
non lacessere prior	et de ne pas *les* attaquer le premier
prœlio.	par un combat.
LXXXIII. Acies	LXXXIII. La ligne-de-bataille
Afraniana	d'-Afranius
erat duplex	était double
quinque legionum ;	*formée* de cinq légions ;
cohortes alariæ	les cohortes auxiliaires
obtinebant tertium locum	occupaient la troisième place
in subsidiis :	en réserve :
Cæsaris triplex :	*celle* de César *était* triple :
sed quaternæ cohortes	mais quatre cohortes
ex quinque legionibus	*tirées* de cinq légions
tenebant primam aciem ;	tenaient la première ligne ;
ternæ subsidiariæ	trois *cohortes* de-réserve
et rursus totidem aliæ	et ensuite tout-autant d'autres
cujusque legionis suæ	de chaque légion d'-elles
subsequebantur has ;	suivaient celles-ci ;
sagittarii	les archers
funditoresque	et les frondeurs
continebantur	étaient maintenus
media acie ;	au milieu-de l'armée ;
equitatus	la cavalerie
cingebat latera.	couvrait les flancs.
Tali acie	Une telle ligne-de-bataille
instructa,	étant formée,
uterque videbatur	l'un-et-l'autre *chef* paraissait
tenere propositum ;	tenir (atteindre) *son* but ;
Cæsar,	César,
non committere prœlium	de ne pas engager le combat
nisi coactus ;	sinon forcé ;
ille, ut impediret	celui-là (Afranius), qu'il empêchât
opera Cæsaris.	les ouvrages de César.
Tamen	Cependant

solis occasum continentur; inde utrique in castra discedunt. Postero die munitiones institutas Cæsar parat perficere; illi vadum fluminis Sicoris tentare, si transire possent. Qua re animum adversa, Cæsar Germanos levis armaturæ equitumque partem flumen transjicit crebrasque in ripis custodias disponit.

LXXXIV. Tandem, omnibus rebus obsessi, quartum jam diem sine pabulo retentis jumentis, aquæ, lignorum, frumenti inopia, colloquium petunt, et id, si fieri possit, semoto a militibus loco. Ubi id a Cæsare negatum, et, palam si colloqui vellent, concessum est; datur obsidis loco Cæsari filius Afranii. Venitur in eum locum, quem Cæsar delegit. Audiente utroque exercitu, loquitur Afranius : Non esse aut ipsis, aut militibus succensendum, quod fidem erga imperatorem suum Cn. Pompeium conservare voluerunt, sed satis jam

et les armées, étant restées sans agir jusqu'au coucher du soleil, rentrent l'une et l'autre dans leur camp. Le lendemain, César fait continuer ses ouvrages et, comme il apprend que les ennemis font sonder le Sicoris pour y trouver un gué, il fait passer l'infanterie légère des Germains et une partie de sa cavalerie sur l'autre rive, qu'il garnit de postes nombreux.

LXXXIV. Enfin assiégés de toute manière, n'ayant plus de fourrage déjà depuis quatre jours et manquant d'eau, de bois et de blé, les chefs demandent une entrevue, et, s'il est possible, à l'écart. César s'y refuse et ne consent qu'à une conférence publique ; il reçoit pour otage le fils d'Afranius. On se réunit au lieu qu'indique César, et, devant les deux armées, Afranius prend la parole : « Il ne fallait s'irriter ni contre lui, ni contre ses soldats, de ce qu'ils avaient voulu rester fidèles à Pompée, leur général ; mais ils avaient assez fait pour

res producitur,	l'affaire est traînée-en-longueur,
aciesque continentur	et les armées se tiennent *inactives*
ad occasum solis ;	jusqu'au coucher du soleil ;
inde utrique	alors les uns-et-les-autres
discedunt in castra.	se retirent dans *leur* camp.
Die postero	Le jour suivant
Cæsar parat perficere	César se prépare à achever
munitiones institutas ;	les fortifications commencées ;
illi tentare vadum	eux (les ennemis) à tenter le gué
fluminis Sicoris,	de la rivière *de* Sicoris,
si possent transire.	s'ils pouvaient *la* traverser.
Qua re animum adversa,	Laquelle chose étant remarquée,
Cæsar transjicit flumen	César jette-au-delà de la rivière
Germanos	*ses* Germains
armaturæ levis	d'armement léger
partemque equitum	et une partie de *ses* cavaliers
disponitque in ripis	et échelonne sur les rives
custodias crebras.	des postes fréquents.
LXXXIV. Tandem,	LXXXIV. Enfin,
obsessi omnibus rebus,	assiégés par toutes choses,
jumentis retentis	les bêtes-de-somme ayant été retenues
sine pabulo	sans fourrage
jam quartum diem,	déjà *pour* le quatrième jour,
inopia aquæ,	par manque d'eau,
lignorum, frumenti,	de bois, de blé,
petunt colloquium,	ils demandent une conférence,
et id, si possit fieri,	et celle-ci, s'il peut se faire,
loco semoto a militibus.	dans un lieu écarté des soldats.
Ubi id negatum est	Comme cela fut refusé
a Cæsare,	par César,
et concessum est,	et *qu'il leur* fut accordé *seulement*,
si vellent colloqui	s'ils voulaient conférer
palam ;	publiquement ;
filius Afranii	le fils d'Afranius
datur Cæsari	est donné à César
loco obsidis.	en place d'otage.
Venitur in eum locum,	On vient dans ce lieu,
quem Cæsar delegit.	que César a choisi.
Utroque exercitu audiente,	L'une-et-l'autre armée entendant,
Afranius loquitur :	Afranius parle *ainsi* :
Non esse succensendum	Ne pas falloir s'irriter
aut ipsis,	ou contre eux-mêmes,
aut militibus,	ou contre les soldats,
quod voluerunt	de ce qu'ils ont voulu
conservare fidem	conserver *leur* foi
erga Cn. Pompeium	envers Cn. Pompée
suum imperatorem,	leur général,

fecisse officio satisque supplicii tulisse, perpessos omnium rerum inopiam: nunc vero, pæne ut feras, circummunitos prohiberi aqua, prohiberi ingressu, neque corpore dolorem, neque animo ignominiam ferre posse : itaque se victos confiteri : orare atque obsecrare, si qui locus misericordiæ relinquatur, ne ad ultimum supplicium progredi necesse habeant. Hæc quam potest demississime atque subjectissime exponit.

LXXXV. Ad ea Cæsar respondit : Nulli omnium has partes vel querimoniæ, vel miserationis, minus convenire : reliquos enim omnes suum officium præstitisse; se, qui etiam bona conditione et loco et tempore æquo, confligere noluerit, ut quam integerrima essent ad pacem omnia; exercitum suum, qui, injuria etiam accepta suisque interfectis, quos in

leur devoir, assez souffert de tous les genres de besoins : aujourd'hui même, resserrés presque comme des bêtes féroces, ils ne pouvaient ni puiser de l'eau ni faire un pas ; leur corps était épuisé par la misère, leur âme abattue par la honte : ils s'avouaient donc vaincus et priaient, conjuraient César, s'il était encore accessible à la clémence, de ne pas les envoyer au dernier supplice. » Cela fut dit du ton le plus humble et le plus soumis possible.

LXXXV. César répondit : « Qu'Afranius était l'homme à qui convenait le moins le rôle de se plaindre et de vouloir apitoyer ; car tous les autres avaient fait leur devoir : soit lui César, qui, pour que rien ne s'opposât à une conciliation, n'avait pas voulu combattre même avec l'avantage du moment et du lieu ; soit ses soldats, qui, malgré les outrages qu'ils avaient reçus et le massacre de leurs camarades, avaient conservé, protégé les Afraniens qui

sed fecisse jam satis	mais *eux* avoir fait déjà assez
officio	pour le devoir
tulisseque satis supplicii,	et avoir enduré assez de misères,
perpessos inopiam	ayant souffert la disette
omnium rerum :	de toutes choses :
nunc vero,	or maintenant *eux*,
pæne ut feras,	presque comme des bêtes-féroces,
circummunitos	entourés-de-toutes-parts
prohiberi aqua,	être empêchés *de faire* de l'eau
prohiberi ingressu,	être empêchés de *faire un* pas,
neque posse ferre	et ne pouvoir supporter
corpore dolorem,	de corps *celle* douleur,
neque animo ignominiam :	ni de cœur *cette* ignominie :
itaque se confiteri victos :	en-conséquence *eux* s'avouer vaincus :
orare atque obsecrare,	prier et conjurer *lui*,
si qui locus relinquatur	si quelque place est laissée
misericordiæ,	à la pitié,
ne habeant necesse	qu'ils n'aient pas *pour* nécessaire
progredi	d'*en* venir
ad ultimum supplicium.	au dernier supplice.
Exponit hæc	Il expose ces choses
quam potest	*autant* qu'il peut *le faire*
demississimo	de-la-manière-la-plus-humble
atque subjectissime.	et de-la-manière-la-plus-soumise.
LXXXV. Cæsar	LXXXV. César
respondit ad ea :	répondit à ces *paroles* :
Has partes	Ce rôle
vel querimoniæ,	ou de plainte
vel miserationis	ou de pitié
convenire minus	ne convenir moins
nulli omnium :	à aucun de tous *qu'à Afranius* :
omnes enim reliquos	car tous les autres
præstitisse	avoir fait
suum officium ;	leur devoir ;
se, qui noluerit	lui *d'abord*, qui n'a-pas-voulu
confligere,	combattre,
etiam conditione bona	même avec une condition bonne
et loco	et dans un lieu
et tempore æquo,	et dans un temps favorable,
ut omnia essent	afin que toutes choses fussent
ad pacem	pour la paix
quam integerrima ;	le plus intactes *possible* ;
suum exercitum,	*puis* son armée,
qui, etiam injuria	qui, même une injure
accepta	étant reçue *par elle*
suisque interfectis,	et les siens étant tués,
conservarit et texerit	a conservé et a protégé

sua potestate habuerit, conservarit et texerit; illius denique exercitus milites, qui per se de concilianda pace egerint: qua in re omnium suorum vitæ consulendum putarint. Sic omnium ordinum partes in misericordia constitisse; ipsos duces a pace abhorruisse, eos neque colloquii neque induciarum jura servasse, et homines imperitos et per colloquium deceptos crudelissime interfecisse. Accidisse igitur his, quod plerumque hominibus nimia pertinacia atque arrogantia accidere soleat, uti eo recurrant, et id cupidissime petant, quod paullo ante contempserint. Neque nunc se illorum humilitate, neque aliqua temporis opportunitate postulare, quibus rebus opes augeantur suæ; sed eos exercitus, quos contra se multos jam annos aluerint, velle dimitti. Neque enim sex legiones alia de causa missas in Hispaniam, septimamque ibi conscriptam,

restaient en leur pouvoir; soit enfin les troupes d'Afranius, qui d'elles-mêmes avaient proposé un accommodement, dont la base était que nul Pompéïen ne perdrait la vie. Ainsi tout le monde avait désiré un arrangement; Afranius et Pétréius seuls l'avaient eu en horreur : ils avaient violé les droits d'un armistice et d'une conférence; ils avaient cruellement égorgé des hommes sans méfiance, abusés par les pourparlers. Il leur arrivait donc ce qui arrive souvent aux hommes trop obstinés et trop présomptueux, de rechercher, de solliciter vivement ce qu'ils dédaignaient naguère. Pour lui, ni leur humiliation, ni l'occasion propice ne le feraient penser à augmenter ses forces, mais il voulait voir licencier les troupes, entretenues contre lui déjà depuis nombre d'années : car on n'avait pas eu d'autre son pour envoyer en Espagne six légions, pour y en lever une

quos habuerit	ceux qu'elle a eus
in sua potestate;	en son pouvoir ;
denique milites	enfin les soldats
exercitus illius,	de l'armée de lui (d'Afranius),
qui egerint per se	qui ont traité par eux-mêmes
de concilianda pace ;	pour ménager la paix :
in qua re putarint	dans laquelle chose ils ont pensé
consulendum vitæ	falloir pourvoir à la vie
omnium suorum.	de tous les leurs.
Sic partes	Ainsi le rôle *des hommes*
omnium ordinum	de tous les rangs
constitisse	avoir consisté
in misericordia ;	dans la pitié;
duces ipsos	*mais* les chefs eux-mêmes (seuls)
abhorruisse a pace,	avoir eu horreur de la paix,
eos servasse jura	eux *seuls* n'avoir observé les droits
neque colloquii	ni de la conférence
neque induciarum,	ni de la trêve,
et interfecisse	et avoir tué
crudelissime	de-la-manière-la-plus-cruelle
homines imperitos	des hommes imprudents
et deceptos per colloquium.	et trompés par la conférence.
Igitur accidisse his	Donc *cela* être arrivé à ceux-ci,
quod soleat accidere	qui a-coutume d'arriver
plerumque	la-plupart-du-temps
hominibus	aux hommes
pertinacia	d'une obstination
atque arrogantia nimia,	et d'une arrogance excessive,
uti recurrant eo,	*savoir* qu'ils recourent là (à cela)
et petant cupidissime,	et qu'ils demandent très-avidement,
id quod contempserint	ce qu'ils ont dédaigné
paullo ante.	un-peu auparavant.
Nunc se postulare,	Maintenant lui *ne* demander
neque humilitate illorum,	ni par-suite-de l'humiliation d'eux,
neque aliqua opportunitate	ni par quelque opportunité
temporis,	de circonstance,
quibus rebus	*les choses* par lesquelles choses
suæ opes	ses ressources (son pouvoir)
augeantur ;	s'augmenteraient ;
sed velle eos exercitus,	mais vouloir ces armées,
quos aluerint contra se	qu'ils ont entretenues contre lui
jam multos annos,	déjà *depuis* bien-des années,
dimitti.	être licenciées.
Neque enim sex legiones	Car ni six légions
missas in Hispaniam	*avoir été* envoyées en Espagne
de alia causa,	pour un autre motif,
septimamque	et la septième *légion*

neque tot tantasque classes paratas, neque submissos duces, rei militaris peritos : nihil horum ad pacandas Hispanias, nihil ad usum provinciæ provisum, quæ propter diuturnitatem pacis nullum auxilium desiderarit; omnia hæc jam pridem contra se parari, in se novi generis imperia constitui, ut idem ad portas urbanis præsidia rebus, et duas bellicosissimas provincias absens tot annos obtineat ; in se jura magistratuum commutari, ne ex prætura et consulatu, ut semper, sed per paucos probati et electi in provincias mittantur : in se ætatis excusationem nihil valere, quod superioribus bellis probati ad obtinendos exercitus evocentur : in se uno non servari quod sit omnibus datum semper imperatoribus, ut, rebus

septième, pour y tenir prêtes des flottes si nombreuses, pour y faire passer des généraux habiles. Rien de tout cela n'avait pour but la tranquillité de l'Espagne ni le service du pays, qui, paisible depuis longtemps, n'exigeait pas une armée Tout cela se préparait de longue main contre lui : contre lui s'élevaient des pouvoirs d'une espèce nouvelle, en sorte que le même homme, qui, campé aux portes de Rome, dirigeait tout dans la ville, gouvernait, depuis tant d'années, quoique absent, les deux provinces les plus belliqueuses. Pour lui nuire, à lui César, on violait les droits des magistrats, en n'envoyant plus dans les provinces des ex-consuls et des ex-préteurs, mais des affidés choisis par quelques factieux. Pour lui nuire, on enlevait à l'âge ses priviléges et l'on se faisait des armées de vétérans. A lui seul on refusait ce qu'on ne refusa jamais aux généraux

conscriptam ibi,	avoir *été* levée là (en Espagne),
neque tot classes	ni tant de flottes
tantasque paratas,	et si-grandes avoir *été* équipées
neque duces	ni des chefs
submissos,	y avoir *été* envoyés,
peritos rei militaris :	habiles dans la chose (l'art) militaire :
nihil horum	rien (aucune) de ces choses
provisum	n'avoir *été* ménagé
ad usum provinciæ,	pour l'utilité de la province,
quæ desiderarit	laquelle n'a désiré (n'avait eu besoin de)
nullum auxilium	aucun secours
propter diuturnitatem	à cause de la longue-durée
pacis ;	de la paix ;
omnia hæc	toutes ces *mesures*
parari in se	être préparées contre lui
jam pridem,	déjà depuis-longtemps,
in se imperia	contre lui des pouvoirs
novi generis	d'une nouvelle espèce
constitui,	être établis,
ut idem	en-sorte-que le même *homme*
ad portas	aux portes *de la ville*
obtineat præsidia	commande des forces
rebus urbanis,	pour les affaires de-la-ville
et absens tot annos	et absent *depuis* tant d'années
duas provincias	commande deux provinces
bellicosissimas :	les plus belliqueuses :
in se	contre lui
jura magistratuum	les droits des magistrats
commutari,	être changés,
ne mittantur	au-point-que ne soient pas envoyés
in provincias	dans les provinces
ex prætura	*des hommes sortis* de la préture
et consulatu,	et du consulat,
ut semper,	comme toujours,
sed probati et electi	mais des *hommes* éprouvés et choisis
per paucos :	par quelques *factieux* :
in se excusationem ætatis	contre lui l'excuse de l'âge
valere nihil,	ne valoir rien,
quod probati	puisque des *hommes* éprouvés
bellis superioribus	par les guerres précédentes
evocentur	sont rappelés
ad obtinendos exercitus :	pour commander des armées :
in se uno	à-l'égard-de lui seul
non servari	*ce droit* n'être pas observé
quod datum sit semper	qui a été donné toujours
omnibus imperatoribus,	à tous les généraux,
ut, rebus gestis	savoir que, les affaires ayant été faites

feliciter gestis, aut cum honore aliquo, aut certe sine ignominia domum revertantur exercitumque dimittant. Quæ tamen omnia et se tulisse patienter, et esse laturum; neque nunc id agere, ut ab illis abductum exercitum teneat ipse, quod tamen sibi difficile non sit; sed ne illi habeant, quo contra se uti possint. Proinde, ut esset dictum, provinciis excederent exercitumque dimitterent : si id sit factum, nociturum se nemini : hanc unam atque extremam pacis esse conditionem.

LXXXVI. Id vero militibus fuit pergratum et jucundum, ut ex ipsa significatione potuit cognosci; ut, qui aliquid victi incommodi exspectavissent, ultro præmium missionis ferrent. Nam, quum de loco et tempore ejus rei controversia inferretur, et voce et manibus universi ex vallo, ubi constiterant, significare cœperunt, ut statim dimitterentur, neque omni interposita fide firmum esse posse, si in aliud tempus differ-

qui avaient eu des succès, de rentrer dans Rome avec quelque distinction ou du moins sans ignominie, avant de licencier leur armée. Tout cela pourtant il l'avait souffert patiemment et le souffrirait encore; maintenant même, il ne pensait pas à garder pour lui, ce qui lui était facile, l'armée d'Afranius et de Pétréius, mais à leur ôter les moyens d'agir contre lui. Qu'ils eussent donc, comme on l'avait dit, à sortir des Espagnes et à licencier leurs troupes; en ce cas, il ne ferait de mal à personne : c'était là son unique et dernier mot. »

LXXXVI. Cette conclusion plut beaucoup aux soldats, comme on put le voir à leurs démonstrations; en effet, des vaincus qui s'attendaient à quelques mauvais traitements, se trouvaient gratifiés de leur congé. Aussi, quand on parla de fixer le temps et le lieu du licenciement, ils se mirent tous, du rempart où ils étaient, à demander du geste et de la voix qu'il se fît sur-le-champ; « s'il se diffé-

feliciter,	avec bonheur (après des succès),
revertantur domum	ils retournent à la maison (à Rome)
aut cum aliquo honore,	ou avec quelque honneur,
aut certe	ou du-moins
sine ignominia,	sans ignominie,
dimittantque exercitum.	et licencient *ensuite leur* armée.
Quæ omnia tamen	Lesquelles choses toutes pourtant
se et tulisse	lui et avoir supportées
et laturum esse	et devoir supporter
patienter;	avec-patience;
neque nunc agere id,	et maintenant ne pas viser à cela,
ut ipse teneat	que lui-même retienne
exercitum	l'armée
abductum ab illis,	enlevée à ceux-là (Afranius et Pétréius),
quod tamen	*chose* qui pourtant
non sit difficile sibi;	ne serait pas difficile à lui;
sed ne illi habeant,	mais qu'ils n'aient pas
quo possint uti	de quoi ils puissent se servir
contra se.	contre lui.
Proinde, ut esset dictum,	Du-reste, comme il avait été dit,
excederent provinciis	qu'ils sortissent de *leurs* provinces
dimitterentque exercitum :	et qu'ils licenciassent *leur* armée :
si id factum sit,	si cela était fait,
se nociturum nemini :	lui ne devoir nuire à personne :
hanc conditionem pacis	cette condition de paix
esse unam atque extremam.	être la seule et la dernière.
LXXXVI. Id vero fuit	LXXXVI. Or cela fut
pergratum militibus	très-agréable aux soldats
et jucundum,	et reçu-avec-joie,
ut potuit cognosci	comme *cela* put être connu
ex significatione ipsa ;	par *leurs* démonstrations mêmes;
ut, qui victi	en-ce-que *eux* qui vaincus
exspectavissent	avaient attendu
aliquid incommodi,	quelque préjudice,
ferrent ultro	remportaient au-contraire
præmium missionis.	la récompense d'un congé.
Nam, quum controversia	Car, comme une discussion
inferretur de loco	s'engageait sur le lieu
et tempore ejus rei,	et l'époque de cette chose (du congé),
universi	tous-ensemble
et voce et manibus	et de la voix et des mains (du geste)
cœperunt significare	se mirent à faire-signe
ex vallo ubi constiterant,	du retranchement, où ils étaient-restés,
ut dimitterentur statim,	qu'ils fussent licenciés aussitôt,
neque esse firmum,	et *la chose* n'être pas sûre,
omni fide interposita,	*même* toute assurance s'interposant,
si differretur	si elle était différée

retur. Paucis quum esset in utramque partem verbis disputatum, res huc deducitur, ut ii, qui habeant domicilium aut possessiones in Hispania, statim, reliqui ad Varum flumen dimittantur: ne quid eis noceatur, neu quis invitus sacramentum dicere cogatur a Cæsare, cavetur.

LXXXVII. Cæsar ex eo tempore, dum ad flumen Varum veniatur, se frumentum daturum pollicetur : addit etiam, ut, quid quisque eorum in bello amiserit, quæ sint penes milites suos, iis, qui amiserint, restituatur : militibus, æqua facta æstimatione, pecuniam pro iis rebus dissolvit. Quascumque postea controversias inter se milites habuerunt, sua sponte ad Cæsarem in jus adierunt. Petreius atque Afranius, quum stipendium ab legionibus pæne seditione facta flagitaretur, cujus illi diem nondum venisse dicerent, Cæsar ut cognosce-

rait, on ne pourrait y compter, malgré toutes les paroles. » Après une courte discussion, il fut réglé qu'on licencierait immédiatement ceux qui avaient leur domicile ou des biens en Espagne et le reste sur le bord du Var. On stipula qu'il ne serait fait de mal à personne et qu'on ne forcerait qui que ce fût de prêter serment à César.

LXXXVII. Il promit de fournir des vivres jusqu'au Var; il fit plus : tout ce que chacun des Afraniens avait perdu pendant la campagne, si l'objet se trouvait dans les mains de ses soldats, il le fit rendre, en le payant d'après une juste estimation. Aussi, dans tous les différends qui survinrent ensuite entre les pompéiens, prirent-ils d'eux-mêmes César pour juge. Les légions d'Afranius et de Pétréius exigeaient leur solde; il y avait presque sédition : les deux chefs disaient qu'elle n'était pas échue; ils prièrent César de statuer,

in aliud tempus.	à un autre temps.
Quum disputatum esset	Comme on avait discuté
paucis verbis	en peu-de mots
in utramque partem,	dans les deux sens,
res deducitur huc,	l'affaire est amenée là (à cette conclusion)
ut ii, qui habeant	que ceux qui ont (avaient)
domicilium aut possessiones	leur domicile ou des possessions
in Hispania,	en Espagne,
dimittantur statim ;	soient licenciés aussitôt;
reliqui	que les autres le soient
ad flumen Varum :	vers le fleuve du Var :
cavetur	on prend-des-précautions,
ne noceatur	pour qu'il ne soit nui
quid eis,	en quoi-que-ce-soit à eux,
neu quis	et pour que aucun d'eux
cogatur invitus.	ne soit forcé malgré-lui
a Cæsare	par César
dicere sacramentum.	de prononcer le serment militaire.
LXXXVII. Cæsar	LXXXVII. César
pollicetur	promet
se daturum frumentum	lui devoir donner du blé
ex eo tempore,	depuis ce moment-là,
dum veniatur	jusqu'à ce qu'on vienne
ad flumen Varum :	vers le fleuve du Var :
addit etiam	il ajoute encore
ut quid quisque	que ce que chacun
amiserit bello	a perdu dans la guerre
eorum quæ sint	des choses qui sont
penes suos milites,	au-pouvoir-de ses soldats,
restituatur	soit restitué
iis qui amiserint :	à ceux qui l'ont perdu :
dissolvit pecuniam	il délivre de l'argent
militibus pro iis rebus,	aux soldats pour ces choses-là,
æstimatione æqua facta.	une estimation équitable en étant faite.
Controversias	Quant aux contestations
quascumque milites	que les soldats
habuerunt inter se postea,	eurent entre eux après-cela,
adierunt sua sponte	il allèrent de leur propre mouvement
ad Cæsarem	vers César
in jus.	pour le droit (pour se faire rendre justice).
Quum stipendium	Comme la paye
flagitaretur	était réclamée
ab legionibus	par les légions
pæne seditione facta,	presque une sédition étant faite,
cujus	de laquelle paye
illi dicerent	ceux-là (les chefs) disaient
diem venisse nondum,	le jour n'être pas venu encore,

ret, postulant; eoque utrique, quod statuit, contenti fuerunt. Parte circiter tertia exercitus eo biduo dimissa, duas legiones suas antecedere, reliquas subsequi jussit, ut non longo inter se spatio castra facerent; eique negotio Q. Fufium Calenum legatum præficit. Hoc ejus præscripto ex Hispania ad Varum flumen est iter factum, atque ibi reliqua pars exercitus dimissa.

et chacun fut satisfait de sa décision. Un tiers environ de cette armée ayant été deux jours après licencié sur les lieux, il donna l'ordre à deux légions de marcher en avant et au reste de les suivre, de manière à ce que les camps respectifs ne fussent pas éloignés. Le lieutenant Q. Fufius Calénus fut chargé de diriger la marche, qui se fit d'après ses ordres jusqu'au Var, où le reste des Pompéiens fut licencié.

Petreius atque Afranius, postulant,	Pétréius et Afranius demandent
ut Cæsar cognosceret :	que César connût *de l'affaire* :
fueruntque contenti	et ils furent contents
utrique	les-uns-et-les-autres
eo quod statuit.	de ce qu'il décida.
Tertia parte circiter exercitus	La troisième partie environ de l'armée
dimissa eo biduo,	ayant été licenciée dans ces deux-jours,
jussit duas legiones	il ordonna deux légions
antecedere suas,	marcher en-avant des siennes,
reliquas subsequi,	les autres suivre,
ut facerent castra	de-sorte-qu'elles fissent *leur* camp
spatio non longo inter se ;	à une distance non longue entre elles ;
præficitque ei negotio	et il prépose à cette opération
Q. Fufium Calenum	Q. Fufius Calénus
legatum.	*son* lieutenant.
Hoc præscripto ejus	D'après cet ordre de lui
iter factum est	la marche se fit
ex Hispania	de l'Espagne
ad flumen Varum,	vers le fleuve *du* Var,
atque ibi pars reliqua exercitus	et là la partie restante de l'armée
dimissa.	*fut* licenciée.

NOTES

DU PREMIER LIVRE DE LA GUERRE CIVILE.

I

Litteris. — César, dans ces lettres, demandait que Pompée se démît de son commandement et promettait d'en faire autant de son côté. Sinon, ajoutait-il, il n'oublierait pas ce qu'il se devait à lui-même et ce qu'il devait à sa patrie (Appien, II, 32).
Tribunorum plebis. — Cassius et Antoine.
L. Lentulus, consul. — Lentulus avait pour collègue C. Marcellus.
Scipio. — Q. Cecilius Metellus Pius, beau-père de Pompée.

II

In suas provincias. — L'Espagne et l'Afrique.
Intercedit. — Le droit d'opposition, *jus intercessionis*, suspendait l'effet de tout décret du sénat, jusqu'à ce que le peuple l'eût approuvé.

III

Centurionibus. — Il y avait soixante centurions dans chaque légion. Celui de la première centurie, qui était le premier après les tribuns, s'appelait *primipilaire*. Les centurions avaient pour marque de leur dignité un cep de vigne.
L. Piso censor. — Beau-père de César.

IV

Catonem veteres inimicitiæ. — « Caton, prétendant à la préture, s'était vu préférer Vatinius; César l'avait fait en outre échouer dans la demande du consulat, l'année où l'obtinrent Marcellus et Sulpicius. Enfin César, pendant son consulat, ayant un jour demandé l'avis de Caton, celui-ci, qui n'approuvait pas le tour que semblait prendre la délibération, usa du droit qu'avaient les sénateurs de parler autant de temps qu'il leur plaisait, même sur des sujets étrangers à la question : il voulait ainsi faire perdre le temps de la séance, qui se serait terminée sans résultat. César, perdant patience, ordonna de saisir Caton et de le conduire en prison. » (Le Déist de Botidoux.)

Affinitatis. — Pompée avait épousé Julie, fille de César.

V

Illi turbulentissimi..... tribuni plebis. — Allusion aux Gracques, à Saturninus, etc.

Octavo denique mense. — Lorsqu'on nommait pour l'année suivante les consuls, dont ils pouvaient redouter les poursuites.

Biduo..... comitiali. — Les jours où se tenaient les comices, le sénat ne pouvait pas tenir de séance.

VI

In Mauritaniam. — Pour détourner les rois de ce pays du parti de César.

Juba. — Roi de Numidie.

Philippus. — Philippe était allié de César, comme ayant épousé la mère d'Octave.

Paludati. — Le *paludamentum* était le grand costume des généraux.

VII

Legibus. — On veut parler ici particulièrement des lois agraires.

Templis.... occupatis. — Allusion à Tib. Gracchus, qui s'empara du Capitole.

Legionis. — La légion compta le plus souvent 6000 hommes, partagés en dix cohortes, vingt manipules et soixante centuries. On y distinguait les *hastarii*, les *principes*, les *triarii* et les *leviter armati*.

X

Capuam. — Primitivement occupée par les Étrusques, qui la nommaient *Vulturnum*, à cause de sa position sur le Vulturne ; vers l'an 424 avant J. C., les Samnites s'en emparèrent et lui donnèrent le nom de *Capua*.

Arimino. — Aujourd'hui *Rimini*, ville des États romains.

XI

Arretium. — Ville d'Étrurie ; aujourd'hui *Arrezzo*.

XII

Iguvium. — Ville de l'Ombrie ; aujourd'hui *Eugobio*. On y découvrit en 1444 plusieurs tables d'airain chargées d'inscriptions étrusques fort anciennes, qui sont connues sous le nom de *Tables eugubines.*

XIII

Decuriones. — On appelait ainsi les sénateurs des villes municipales.

XIV

Lege Julia. — Loi promulguée par César dans son premier consulat.
Conventus Campani. — Il faut entendre par là les citoyens romains vivant à Capoue.
Præfectura. — On donnait ce nom aux villes d'Italie qui n'avaient pas leurs magistrats propres, mais où l'on envoyait de Rome, chaque année, des *præfecti* pour y rendre la justice.
Alba. — Il y avait plusieurs villes de ce nom : il est question ici d'Albe, surnommée Fucentia, à cause du lac Fucin, dont elle était voisine.

XV

Asculum Picenum. — Aujourd'hui *Ascoli,* ville de l'État ecclésiastique (Marche de Fermo).
Luceium Hirrum. — « La plupart des éditions donnent *Ulcillem Hirrum* ; mais le mot *Ulcilles* est évidemment corrompu. Nous avons adopté *Luceium* avec d'autant plus de confiance que cet Hirrus est très-probablement le même que le tribun du peuple C. Lucéius Hirrus, qui, l'an 699, proposait de déférer la dictature à Pompée. » (Le Déist de Botidoux.)
Corfinium. — Aujourd'hui *San Serino* ; jadis capitale des Peligni, sur les confins du pays des Marses.

XVI

Fluminis. — L'Aternus, rivière du Picénum.
Millia passuum tria. — Près de cinq kilomètres, le mille romain valant 1472 mètres.

XVIII

Legionis octavæ. — Il y a nécessairement ici, ou un peu plus loin, une erreur de chiffre.
Sulmonenses. — *Sulmo,* aujourd'hui *Solmona,* ville des *Peligni,* à 16 kilomètres S. E. de Corfinium, dans les montagnes. Patrie d'Ovide.

Norico. — Le Norique (aujourd'hui partie de la Bavière, de l'Autriche et de la Styrie). Les Romains en firent la conquête sous Auguste.

XIX

Pompeius..... rescripserat. — Cette lettre de Pompée se trouve dans Cicéron, lettres à Atticus, VIII.

XXIII

Duumviris. — Les fonctions des *duumvirs*, dans les villes municipales, étaient en petit les mêmes que celles des consuls à Rome.

XXIV

Luceria. — Ville de l'Apulie, fameuse autrefois par la beauté de ses laines.

Canusium. — Ville de l'Apulie (aujourd'hui *Canosa*), voisine de Cannes ; elle servit de refuge aux Romains, après le désastre de Cannes.

Brundisium. — Aujourd'hui *Brindisi*, *Brindes*, sur l'Adriatique, dans le territoire des *Calabri*. Patrie de Pacuvius ; Virgile y mourut.

Cremona. — Ville sur le Pô, à 65 kilomètres de Milan. Bâtie par les Gaulois, elle reçut une colonie romaine l'an 291 av. J. C. Octave, pour la punir d'avoir embrassé le parti d'Antoine, en partagea le territoire entre ses vétérans.

XXV

Dyrrhachium. — Aujourd'hui *Durrazzo*, sur l'Adriatique, en Illyrie. Elle se nommait d'abord *Epidamnus*.

XXVI

Magium..... ad se non remitti. — « Une lettre de César à Oppius et à Cornélius Balbus semble contredire ce passage : La voici telle que nous l'a conservée Cicéron (ad Att. IX, 13) : « Je suis arrivé
« devant Brindes, le 7 des ides de mars : j'ai campé sous les murs.
« Pompée est à Brindes : il m'a envoyé Cn. Magius, au sujet de la
« paix : j'ai répondu ce que j'ai cru convenable. C'est de quoi j'ai
« voulu vous prévenir aussitôt. Quand j'aurai l'espoir de terminer
« quelque chose, je vous l'écrirai sur-le-champ. » César avait donc vu Magius. Tout s'éclaircit en disant que Magius était bien venu trouver César pour connaître ses propositions, mais que Pompée, ne les ayant pas goûtées, et jugeant que son silence annoncera

assez qu'elles ne lui convenaient pas, avait cru inutile d'envoyer une seconde fois Magius à César. » (Le Déist de Botidoux.)

Auctore atque agente. — Ainsi dans Cornélius Népos, Attic. III, 2 : « Hunc actorem auctoremque habebat. »

XXVIII

Vallum cæcum. — « Cæcum vallum dicitur, in quo præacuti pali terra affixi herbis vel frondibus occuluntur. » (Festus.)

XXIX

Anni tempus. — On était en hiver.
Duas Hispanias. — L'Espagne ultérieure et l'Espagne citérieure.
Altera. — L'Espagne citérieure.
Maximis beneficiis. — Allusion à la guerre de Sertorius heureusement terminée par Pompée.

XXX

In Hispaniam proficisci constituit. — Ce fut alors que César dit : « Qu'il allait marcher contre une armée sans général, pour revenir bientôt contre un général sans armée. »

XXXI

Tubero. — Voir Cicéron, *pro Ligario*, ch. I, 2.
Ut supra demonstravimus. — Voir plus haut, chap. XIII.

XXXII

Coacto senatu. — Par les soins d'Antoine et de Cassius, tribuns du peuple.
Exspectato..... tempore. — C'est-à-dire dix ans après son premier consulat.
Pristina consuetudine. — Allusion au droit qu'avaient les sénateurs de parler de tout ce qu'ils voulaient, et autant qu'il leur plaisait, avant de donner leur avis sur le sujet en délibération. (Voir plus haut, la note 1 du IV° chapitre).

XXXIV

Igilii. — Igilium (aujourd'hui *Giglio*), île de la mer Tyrrhénienne, sur les côtes de la Toscane.
Cosano. — De *Cosa*, ville de l'ancienne Étrurie.
Albicos. — Peuple de la Gaule, qui faisait partie des Ligures Transalpins et habitait chez les *Salluvii* dans la 2° Narbonnaise.

XXXV

Quindecim primos. — Les quinze principaux sénateurs de Marseille. Le sénat de Marseille se composait de six cents citoyens.

Volcarum Arecomicorum. — Peuple de la Gaule (Narbonnaise 1re), entre les *Tectosages* et les *Helviens*, occupait les départements du Gard, de l'Hérault et de l'Aude; capitale *Nemausus* (Nîmes).

Helviorum. — Ce peuple habitait le pays nommé depuis *Vivarais* et avait pour chef-lieu *Alba Helviorum* (aujourd'hui *Aps*, dans l'Ardèche).

Victas Gallias attribuerit. — Ce passage est peu intelligible. Peut-être faut-il entendre par là que les Gaules une fois vaincues par César devinrent un marché ouvert aux habitants de Marseille, ce qui accrut leurs revenus d'une manière considérable. D'autres lisent *victos Sallyas*. Les Sallyens étaient un peuple voisin de Marseille.

XXXVIII

Demonstratum est. — Voir plus haut, ch. xxxiv.

Castulonensi. — Castulon, ville de la Tarraconaise, aujourd'hui *Cazorla*.

Ilerdam. — Aujourd'hui *Lérida*, chef-lieu des Ilergètes, qui habitaient entre l'Èbre et le Sicoris.

XXXIX

Cetratæ. — Cohortes ainsi nommées de *cetra*, espèce de bouclier plus petit que le *scutum*, et dont se servaient les Africains et les Espagnols.

XL

In Sicori. — Aujourd'hui la *Ségre*, affluent de l'Èbre.

Millia passuum quatuor. — Environ six kilomètres.

Præsidio proprio. — Le détachement qui accompagnait d'habitude les fourrageurs.

XLI

Passibus quadringentis. — Environ 600 mètres.

XLII

In superioribus castris. — C'est-à-dire dans le camp de Fabius. (Voyez plus haut, ch. xli.)

XLIII

Passuum trecentorum. — Environ 450 mètres.

Antesignanos. — Au temps de César, la garde des enseignes était confiée aux soldats les plus braves et les plus déterminés de la légion.

XLV

Passuum quadringentorum. — Environ 600 mètres.

XLVIII

Ut supra demonstratum est. — Voir plus haut, ch. XL et XLI.

Millium triginta. — Environ 44 kilomètres.

In herbis. — « Leçon de Scaliger. D'autres lisent *in hibernis*, et entendent par ce mot les lieux où il y avait eu des quartiers d'hiver, dans lesquels on avait emmagasiné du blé. Mais ces quartiers d'hiver n'auraient pu être que ceux d'Afranius, et ce serait une remarque bien oiseuse à César de dire que les Pompéiens n'avaient pas laissé leurs greniers à sa disposition. » (Le Déist de Botidoux.)

XLIX

Loca..... integra. — C'est-à-dire où l'on n'avait pas encore enlevé les fourrages.

LI

Ex Rutenis. — Les Rutènes habitaient la contrée qui fut depuis appelée le Rouergue; leur ville principale était *Segodunum*, aujourd'hui *Rodez*.

Pari certamine. — C'est-à-dire cavaliers contre cavaliers.

LII

Denarios quinquaginta. — A peu près quarante-un francs.

LIV

Millia passuum..... viginti duo. — Environ 33 kilomètres.

LVI

Dum hæc, etc. — César reprend ici le récit des faits où il l'a laissé au chapitre XXXVI.

Supra demonstratum est. — Voir plus haut, chapitre XXXIV.

LVII

Pastores indomiti. — Les pâtres que Domitius avait amenés avec lui (V. ch. XXXIV).
Factæ subito. — Voir ch. XXXVI.

LXI

Equitatus. — Pluriel rare. Voir Salluste, Jug. 46; Florus, III, 11.
Conquirere..... adduci. — Il faut remarquer ici l'emploi du verbe *jubere* avec un infinitif actif et un infinitif passif dans la même phrase. Ainsi dans Lucain, I, v. 589.
Millia passuum viginti. — Environ 30 kilomètres.

LXIV

Millium sex. — Environ 9 kilomètres.

LXV

Millibus passuum quinque. — Environ 8 kilomètres.

LXVII

Tempus quæritur. — Comme s'il y avait *de tempore quæritur*.

LXXIII

Alariarum. — On donnait ce nom aux cohortes des alliés, parce qu'elles combattaient aux ailes de la légion.

LXXIV

Una castra. — De même *unos Sequanos* (César, *de bello gallico*, I, 32), et *unis vestimentis* (Cicéron, *pro Flacco*, XXXIX).

LXXV

Familiam. — Ce mot désigne tous les domestiques, toutes les personnes attachées, à un titre quelconque, à une maison.

LXXVI

Prætorium. — La partie du camp où se trouvait la tente du général.

LXXIX

Pluries. — D'autres, doutant de la latinité de ce mot, au temps de César, lisent *pluresque..... sustinebant*, ce qu'ils traduisent par : *et soutenaient l'effort d'un plus grand nombre*.

LXXX

Millia..... quatuor. — Environ 6 kilomètres.
Animum adversa. — Comme s'il y avait *animadversa*.

LXXXI

Quæ supra sunt demonstrata. — Voir plus haut, ch. LXXII.

LXXXII

Impediendæ rei. — Sous entendu *causa*.

LXXXIII

Quaternæ....., ex quinque. — C'est-à-dire, en tout, vingt cohortes.

LXXXV

Suisque interfectis. — Voir plus haut, ch. LXXVI, LXXVII.
Qui .... egerint. — Voir plus haut, ch. LXXIV.

PARIS. — IMPRIMERIE DE CH. LAHURE
Rue de Fleurus, 9

LIBRAIRIE DE L. HACHETTE ET Cie.

TRADUCTIONS JUXTALINÉAIRES

DES

PRINCIPAUX AUTEURS CLASSIQUES LATINS.

FORMAT IN-12.

Cette collection comprendra les principaux auteurs qu'on explique dans les classes.

EN VENTE :

CÉSAR : Guerre des Gaules. 2 vol. 9 fr.
  Livres I, II, III et IV réunis.. 4 fr.
  Livres V, VI et VII réunis... 5 fr.
CICÉRON : Catilinaires (les)... 2 fr.
  La 1re Catilinaire séparément. 50 c.
  — Des Devoirs.............. 6 fr.
  — Dialogue sur l'Amitié.... 1 fr. 25 c.
  — Dialogue sur la Vieillesse. 1 fr. 25 c.
  — Discours pour la loi Manilia. 1 fr. 50
  — Discours pour Ligarius...... 75 c.
  — Discours pour Marcellus.... 75 c.
  — Discours contre Verrès sur les Statues................ 3 fr.
  — Discours contre Verrès sur les Supplices.............. 3 fr.
  — Plaidoyer pour Archias..... 90 c.
  — Plaidoyer pour Milon.... 1 fr. 50 c
  — Plaidoyer pour Muréna.. 2 fr. 50 c.
  — Songe de Scipion.......... 50 c.
CORNELIUS NEPOS : Les Vies des grands capitaines............ 5 fr.
HEUZET : Histoires choisies des écrivains profanes. 2 vol...... 12 fr.

On vend séparément :
  Chaque volume............. 6 fr.
  Le 1er livre, 1 fr.
  Le 2e livre, 1 fr. 25 c. } 1er volume.
  Le 3e livre, 3 fr.
  Le 4e livre, 3 fr. 50 c. } 2e volume.
  Le 5e livre, 3 fr.
HORACE : Art poétique....... 75 c.
  — Épîtres................. 2 fr.
  — Odes et Épodes. 2 vol... 4 fr. 50 c.

On vend séparément :
  Le 1er et le IIe livre des Odes..... 2 fr.
  Le IIIe et le IVe livre des Odes et les Epodes................ 2 fr. 50 c.
HORACE : Satires............ 2 fr.
LHOMOND : Epitome historiæ sacræ. Prix.................... 3 fr.
  — Sur les hommes illustres de la ville de Rome............ 4 fr. 50 c.
PHÈDRE : Fables............. 2 fr.
SALLUSTE : Catilina....... 1 fr. 50 c.
  — Jugurtha.............. 3 fr. 50 c.
TACITE : Annales. 4 volumes... 18 fr.
  Livres I, II et III réunis..... 6 fr.
  Le 1er livre séparément. 2 fr. 50 c.
  Livres IV, V et VI réunis.. 4 fr.
  Livres XI, XII et XIII réunis.. 4 fr.
  Livres XIV, XV et XVI réunis 4 fr.
  — Germanie (la)........... 1 fr.
  — Vie d'Agricola......... 1 fr. 75 c.
TÉRENCE : Adelphes......... 2 fr.
  — Andrienne........... 2 fr. 50 c.
VIRGILE : Églogues.......... 1 fr.
  La 1re Églogue, séparément.. 30 c.
  — Énéide. 4 volumes........ 16 fr.
  Livres I, II et III réunis..... 4 fr.
  Livres IV, V et VI réunis.... 4 fr.
  Livres VII, VIII et IX réunis.. 4 fr.
  Livres X, XI et XII réunis... 4 fr.
  Chaque livre séparément. 1 fr. 50 c.
  — Géorgiques (les quatre livres). 2 fr.
  Chaque livre séparément... 60 c.

A la même Librairie :

TRADUCTIONS JUXTALINÉAIRES

DES PRINCIPAUX AUTEURS GRECS,

à l'usage

des classes et des aspirants au baccalauréat ès lettres

Paris. — Imprimerie de Ch. Lahure et Cie, rue de Fleurus, 9.

www.ingramcontent.com/pod-product-compliance
Lightning Source LLC
Chambersburg PA
CBHW051906160426
43198CB00012B/1770